STUDY ON MEMBERSHIP RIGHTS OF
MUTUAL INSURANCE ORGANIZATIONS

相互保险组织会员权研究

杨婉青／著

法律出版社 LAW PRESS·CHINA
北京

图书在版编目（CIP）数据

相互保险组织会员权研究 / 杨婉青著 . -- 北京 : 法律出版社 , 2024. -- ISBN 978-7-5197-9344-9

Ⅰ. F842.31

中国国家版本馆 CIP 数据核字第 2024UE7379 号

相互保险组织会员权研究
XIANGHU BAOXIAN ZUZHI HUIYUANQUAN YANJIU

杨婉青 著

责任编辑 朱铁佳
装帧设计 贾丹丹

出版发行 法律出版社
编辑统筹 司法实务出版分社
责任校对 王　丰　郭艳萍
责任印制 胡晓雅
经　　销 新华书店

开本 A5
印张 7.375　　**字数** 167 千
版本 2024 年 9 月第 1 版
印次 2024 年 9 月第 1 次印刷
印刷 唐山玺诚印务有限公司

地址：北京市丰台区莲花池西里 7 号（100073）
网址：www.lawpress.com.cn
投稿邮箱：info@lawpress.com.cn
举报盗版邮箱：jbwq@lawpress.com.cn

销售电话：010-83938349
客服电话：010-83938350
咨询电话：010-63939796

书号：ISBN 978-7-5197-9344-9　　**定价**：38.00 元

凡购买本社图书，如有印装错误，我社负责退换。电话：010-83938349

目录

绪论

一、研究背景

（一）国外的相互制保险

1. 历史演变及发展现状

自诞生伊始，人类在自然界的生存就与风险息息相伴，在风险面前，人类从最开始的逆来顺受到强大后的奋勇抵抗，显示出了对抗风险的努力和决心。但经历了近千年的时间，人们抵御风险的行为才逐渐由传统的互助思想和习惯转化为目标和价值都合理的商品交易行为，完全商业化的保险经营形式与公司制度的产生密不可分，截至20世纪中叶，各发达国家基本上均已从法律层面对其国内不同的相互制保险经营形式予以认可。〔1〕1905年，美国纽约州针对当时混乱的保险业市场特别是寿险业，以参议员威廉·阿姆斯特朗为首的委员会进行调查并公布了调查报告（史称"阿姆斯特朗调查报告"），该调查报告的结论对当时美国的保险业市场产生了颠覆性影响，成为世界保险史上保险经营的分类节点，依据该调查美国采取了保险专业化经营和对保险资金运

〔1〕 参见王凯：《非正式保险制度研究》，西南财经大学2005年博士学位论文，第27页。

用管制等一系列强制性整改措施，强调通过严格保险监管来维护保险公司保单持有人利益的基本思路。该报告在揭露美国当时寿险业黑幕的同时，肯定了相互制保险公司的制度优势。因此从 20 世纪初开始，“阿姆斯特朗调查报告”带动了近半个世纪内美国及世界范围内相互保险业的蓬勃发展，很多股份制保险公司也在这一时期转制为相互保险公司。从 20 世纪后半叶开始，随着世界范围内出现的去相互化浪潮，相互保险在这一时期因融资难题出现式微趋势，在保险市场中的份额逐渐萎缩，相互保险公司开始向股份制保险公司形式转制。但自进入 21 世纪以来，由于金融危机影响了以资本为核心的股份制保险公司的发展，相互制保险重新在保险市场中占据优势，在 2007~2014 年间，世界范围内相互保险业的增长率都超过了总体行业增长率。〔1〕从全球相互保险近年的保费收入、投资收益、偿付能力等关键财务指标可以看出，其发展是快速且稳健的，而且稳健的投资收益在一定程度上突破了其融资困难等先天缺陷，成员相互监督的运行机制也保障了相互制保险机构较高的客户满意度和市场认可度；同时，保险业发展相对滞后国家的相互保险的发展具有明显的后发优势。〔2〕

〔1〕 参见王凯、谢志刚：《历史视角下相互保险发展路径研究》，载《保险研究》2017 年第 7 期。

〔2〕 参见孙正成：《我国发展相互保险的制度环境分析——基于全球发展历程和实践的考察》，载《西部论坛》2017 年第 6 期。

2.发展模式

结合其他国家的相互保险制度和经营机构的发展来看，相互保险从萌芽到逐渐成熟虽然经历过不同的经营规模和形态，但目前各国的相互保险机构形态整体上已趋于相对固化和稳定。除了采取现代企业经营模式的相互保险公司，域外常见的为其成员提供互助式保险服务的还有以非法人形式存在的相互保险社、保险合作社及交互保险社等。相互制保险机构的发展虽然带有不同的地域特点并采取不同的发展模式，但相同的是，这些机构除需国家的法律保障外，政府倾向性保护和优惠政策的扶持也必不可少，毕竟相互制保险所服务的对象主要集中于低收入高风险的特定弱势群体，因此以相互制形态经营的保险机构对维护社会稳定和促进经济发展具有重要作用。

根据《日本保险业法》的规定，相互保险公司是指以经营保险业为目的，依法设立的以投保人为成员的组织。《德国保险监管法》把相互保险公司明确定义为社团法人按照相互性原则保险其成员，并获得主管监督机关授权经营业务，以法人组织形态存在的公司。〔1〕因此相互保险公司作为保险业特有的公司形态，是公司保险与合作保险相结合的一种经营形式，较适合于承保保险合同有效期较长、投保人变动不大的各种人身保险。〔2〕相互保险公司虽名为公司，但是没有资本股票和股东，因此也不存在对股

〔1〕 参见黎建飞:《保险法新论》,北京大学出版社 2014 年版,第 372 页。

〔2〕 参见王绪瑾主编:《保险学》(第 6 版),高等教育出版社 2017 年版,第 302 页。

东的利润分配，公司经营盈余完全由其成员共享。依照“一人一票”而不是“一股一票”进行决议的表决原则是相互保险公司区别于股份制保险公司的最明显特征，从这一点上来说相互保险公司更为彰显其人合性特征，因此从本质上说，相互保险公司不同于以资本为制度设计基本逻辑的股份制保险公司，更类似于以社员互助来增进社员利益为主要目的而非以营利为直接目的的保险合作社。[1]相互保险公司的本质特点在于公司的保单持有者可以兼具两种身份——保险消费者和公司所有者，投保人除了可以基于保险合同享受保险服务，还可以享有对公司盈余的分配权。相互型保险公司可以有效避免股份制保险公司中股东与投保人之间的内在冲突，毕竟营利性保险公司的主要收益源于投保人向公司缴纳的保费与公司支付的保险赔偿金两者之间的差额，而相互保险公司采取的这种将“股东”和“投保人”合一的经营模式相当于将公司的盈利“取之于民，用之于民”，能够最大化保单持有人的利益并提高公司客户忠诚度，最终实现相互保险公司的稳健运营。

相互保险公司大多是由传统的相互保险社通过规模化发展后演变而来，作为相互保险经营的最初形态，国外的相互保险社是具有同等风险要求的主体以分担风险损失为目的，针对其难以抗

〔1〕 参见欧阳仁根、陈岷等：《合作社主体法律制度研究》，人民出版社 2008 年版，第 69 页。

拒的自然灾害或者其他意外事故的发生结成的互助性团体。〔1〕相互保险社也不存在股本，仅由参加相互保险的社员之间互相提供保险，在社员缴纳的保费基础上，对个别会员因风险造成的损失进行分担。传统的相互保险社对会员保费采取分摊制，也就是说在相互保险社中并不需要通过精算确认保险费率并预收保费，而是在事后或者年终进行统一结算，因此这种形式的保险机构仍属于较为原始朴素的保险形态。相互保险社较为适合小规模经营，与现代保险商业经营理念并不符合，美国乡村地区的各种行业性相互保险社发展较为稳定，日本的县级农业共济组织也属此类机构。除相互保险社外，以合作社形式存在的保险机构同样彰显其成员之间的互助和协作，合作社的制度价值在于能够联合全体社员的经济力量进入市场，通过为社员提供服务，形成聚合的规模经济，节省交易费用，增强整体竞争力，增加社员收入，增进社会福祉。〔2〕保险合作社作为具有合作性质的初级形态的保险机构，不以营利为目的，是秉持互助共济精神的各行业主体单纯为分散风险在保险领域的相互协作。

相互保险公司、相互保险社和保险合作社这三类均具有互助特征的保险组织在形式上具有诸多共同性特征，例如，它们经营

---

〔1〕 参见江生忠编著：《保险企业组织形式研究》，中国财政经济出版社2008年版，第45页。

〔2〕 参见牛若峰：《关于农民合作经济组织立法若干问题的认识和建议》，载《农村经营管理》2005年第1期。

的主要目的均非为获得利润，组织中的最高权力机构均为社员（会员）大会或社员（会员）代表大会，但除此之外，三者在基金来源、保费收取方式、组织与成员关系等方面也存在一定差别。[1]相互保险公司与相互保险社中的成员身份获得起因于保单的持有，当双方之间的保险关系终止后成员资格随之丧失；而保险合作社社员需要先缴纳股本方能成为社员，成为社员后方可投保，保险关系的终止与否不影响会员身份的存续。虽然不同的保险机构之间存在一定的区别，但结合到实践中，无论是采取相互保险公司形式、保险合作社形式还是相互保险社形式进行经营的保险机构，为其成员（尤其是中低收入群体成员）提供保险服务的本质属性和终极目标并无差异，即便是采取现代企业经营方式的相互保险公司，在对营利性问题的认知上也不同于一般的股份制保险公司。

（二）我国的相互制保险

1.我国的相互保险组织

各国对相互保险组织有不同的界定，如《美国加利福尼亚州保险法》认为，相互保险组织是不存在股本并由保单持有人共有的保险机构；《日本保险业法》第 2 条规定，“本法中的‘相互公司’是指从事保险业为目的、基于本法而设立的、以投保人为社员的社团法人”；英国金融服务监管局则认为，相互保险组织是指具

〔1〕 参见徐仲建、陈海波主编：《政策性渔业互保法律问题研究》，浙江大学出版社 2017 年版，第 21 页。

备法人资格但不以股本为设立基础的保险机构。[1]根据原中国保监会《相互保险组织监管试行办法》第2条的规定[2]，我国相互保险组织由全体投保会员共同持有，会员在组织中享有参与组织管理并同时接受保险服务的双重权利。相互制保险与股份制保险相比有其独有的内在优势：首先，经营相互保险的机构为客户提供服务的同时允许客户参与管理，降低保险企业经营道德风险；其次，相互保险组织经营展业费用相对较低，可以在控制成本的同时为其成员提供更为经济合理的保险服务；最后，由于相互保险组织没有股东，因此其经营盈余可以完全被用于会员的福利和需求。相互制保险的特殊运营形式避免了保险人在保单持有者与股东之间寻求利益平衡时的被动局面，但融资困难是相互保险制度与生俱来的经营劣势。相互制保险从诞生到目前的发展，经历了从股份保险公司相互化再到相互保险公司去相互化的转变浪潮，与股份制保险之间本质上的差异越来越小，而且为了适应市场经济的发展，各国的相互保险机构早已出现借鉴并融合股份制保险公司在融资、经营和管理等方面规定的大趋势。

近些年，我国保险市场发展较为混乱的状况与19世纪的美国保险市场有诸多相似之处，虽然保险行业整体处于高速发展状

---

〔1〕 参见张领伟、王海涛：《相互保险发展的国际经验探析》，载《清华金融评论》2016年第3期。

〔2〕《相互保险组织监管试行办法》第2条第2款规定："本办法所称相互保险组织是指，在平等自愿、民主管理的基础上，由全体会员持有并以互助合作方式为会员提供保险服务的组织，包括一般相互保险组织，专业性、区域性相互保险组织等组织形式。"

态，但保险的社会认知度较低、社会形象尴尬，混乱的市场竞争状况，保险公司的经营困境，对保单持有人权益的侵害和公司内控失灵等原因造成我国公众对股份制保险公司缺乏信任和认知度差，我国保险业的保险深度和保险密度也远远低于其他发达国家。我国自 1979 年恢复保险业务以来，一直由股份制保险公司占据保险业主流发展地位，并未给予相互制保险足够的重视，只在农渔业领域有小规模的具有相互保险形式的保险机构试点经营。2016 年 6 月，原中国保监会正式批准众惠财产相互保险社、汇友财产相互保险社和信美人寿相互保险社筹建，标志着相互保险这一传统保险形式的发展在我国正式拉开帷幕，相互保险组织即将成为我国保险市场的新生力量。

2.我国相互保险制度发展前景

在中华人民共和国成立后的很长时间内，我国相互保险的发展受到不完善的制度环境的严重制约，由于缺乏先进的公司治理理念及科学的精算制度，相互制保险在我国一直未能得到合适的发展契机。自 1995 年《保险法》颁布以来，虽然我国保险业的发展一直以股份制保险为主，但同时也在特定领域内对相互保险经营进行了初期尝试。目前国内的中国船东互保协会、中国职工保险互助会及中国渔业互保协会（原中国渔船船东互保协会）均为经民政部批准成立的运营良好的相互制保险机构。2005 年，我国首家试点经营的相互保险公司——阳光农业相互保险公司经原中国保监会批准成立，但其在经营过程中遇到了各种制度和实践难题，具体包括没有资本金，没有省、地（市）、县政府财力支持，国家财政给予的保费补贴滞后且对防灾减灾费用、经营费用、基础设施建设投资等没有补贴，种种困境致使阳光农业相互保险公司从开业伊始即陷入现金流匮乏、经营亏损的境况，不得不依靠对非相互保险产品领域的拓展来维持公司发展。〔1〕因此阳光农业相互保险公司的经营模式在我国未能得到推广，至今国内也仅有这一家相互保险公司。直至 2014 年 8 月国务院在颁布的《关于加快发展现代保险服务业的若干意见》（业内所称的保险业“新国十条”）中提出要健全针对农业保险的互助合作保险，随后原中国保监会于 2015 年发布了《相互保险组织监管试行办法》，相互保险的正式发展才开始提上日程。我国目前的相互保险组织不对外发行股份，组织资产由全体投保会员共同所有，会员特殊的设定方式可以内化吸收传统股份制保险公司中股东和投保者之间的利益冲突，从而使相互制保险的道德风险降低，可以更好地为会员提供保险服务。上述办法对相互保险组织设立和监督的要求与股份制保险公司基本趋同，从本质上来说这两种保险经营形式除所有制和治理方式不同外，在日常经营和业务规则上基本不存在差异；但为了维护我国相互保险组织这一新型保险经营形式成长并保障其会员利益，就相互保险组织的会员制度、管理特色及信息披露等方面还是进行了针对性规定。相互保险组

〔1〕 参见蔡基松：《阳光农业相互保险公司运行情况调研》，载《中国农垦》2006 年第 4 期。

织与会员之间的交易，不是为了实现组织自身利益的最大化，而是为了更好地为会员服务，以实现会员利益的最大化，进而满足会员的经济与社会需求，如果相互保险组织在与会员的交易中追求的只是自身的营利目标及会员的资本回报，其在本质上就与股份制保险公司并无不同，违背了我国相互保险组织设立的初衷。

目前我国的保险监管部门〔1〕对相互保险组织的定位是将其作为股份制保险合理、必要的补充，我国未来的相互保险组织应当采取的经营模式和发展方向有如下两种选择：第一种是采取完全独立化发展的方式，将相互保险组织发展为自然人、法人和非法人组织之外的第四大类主体；第二种是不脱离现有主体分类框架，与现有体系中相同或类似的主体形式靠拢并借鉴其经营方式。相比之下第一种方式较为激进，第二种方式则相对温和，能够更好地与我国当前主体法律体系相融。〔2〕目前我国获批的 3 家相互保险组织均以相互保险社的形态出现，但结合前文所述，我国的相互保险社与国外的相互保险社并非同种经营模式，而是更接近于相互保险公司的经营理念，因此我国当前成立的相互保险组织是一种从外观上看以合作社形式存在，但内部采纳现代公司

〔1〕 我国保险监管部门经历了中国保监会（1998~2018 年）、中国银保监会（2018~2023 年）和国家金融监管总局（2023 年至今）三次机构调整，为避免不同时间称谓冲突问题，除非需要特别说明，在一般性论述中统一表述为保险监管部门。

〔2〕 参见顾长河：《大力推动中国相互保险发展以深化多层次金融改革》，载《云南社会科学》2017 年第 6 期。

治理理念的特殊企业存在形式。以笔者浅见，目前的相互保险组织虽然以“保险社”而不是“公司”来命名，其主要目的并非要与公司的经营模式明确界限，而是为了与当前在我国保险业经营中根深蒂固的股份制保险公司类型相区别，突出强调组织的“相互”特征而弱化其公司特性，在由股份制保险公司独占的商业保险市场中为相互保险组织的发展留下生长空间。

当然，相互制保险在我国毕竟还处于初级发展阶段，其以后的发展态势和前景尚需结合多种客观条件综合衡量。根据《相互保险组织监管试行办法》第 40 条规定的“相互保险公司、合作保险组织经营保险业务，参照本办法执行”，我国未来的相互保险组织并不会局限于相互保险社这一种组织形式，而是会结合保险组织的经营规模、行业特点等，以不同的形态出现。《相互保险组织监管试行办法》中也对我国相互保险组织的发展设立了预期目标，在较大范围内采取公司化运作成立大型的保险组织；针对特定行业和特定风险领域可以采取专业化经营模式；针对地市级以下特定区域范围内的居民则可以设立小型服务型保险机构。较为灵活的经营体制使得其他国家和地区的保险合作社、相互保险公司、交互保险社等本质上体现“互助协作”精神的不同保险机构经营经验均可为我国相互保险组织的发展提供参考意见。

3.我国针对相互制保险的研究现状

目前我国整个保险行业尚处于初级发展阶段，由于我国保险行业发展受国家指导方针限制，多年来发展路径较为单一，仅有股份制保险公司这一种保险经营形式存在，引入相互制保险可以满足公众对保险多样化的需求，同时推动保险行业整体的进步。目前无论是我国的《保险法》还是《公司法》中均未对相互制保险及其组织形式进行立法规定，针对互助制度规制的合作社法也尚属于缺位状态，因此造成相互保险制度处于法律规制空白地带，对其设立、税收及监管等问题只能暂时依靠行政机关的“破例”，一旦当事人之间出现与相互保险组织相涉的民事纠纷，势必给法院带来司法难题。我国目前学界尚缺乏针对相互保险及其组织形式进行的系统性分析及研究，结合国内对相互保险研究较少、角度单一的现状，我们可以从法律角度来系统总结和分析相互保险组织在域外的发展历程，参考其他国家相互保险制度发展过程中的成功经验。

由于国内学者针对相互保险相关问题的研究起步较晚，目前与相互保险有关的诸多问题并未得到有效解决，例如，我国发展相互保险的现实意义及未来发展前景、相互保险组织在我国市场经济中的适应性和稳定性、相互保险组织与股份制保险的合理并存及竞争等现实性问题，以及相互保险组织成立后组织内部法律关系、权利冲突、监督管理等理论问题。立法上的欠缺加上理论研究的不足很难为我国相互制保险组织的发展提供充分条件，所以目前针对我国相互保险立法和监管的需求迫在眉睫，特别是攸关相互保险组织所有者——组织会员的研究更是与相互保险组织在我国能否顺利立足直接相关的关键性问题。虽然相互保险制度有着悠久的历史，但是就我国保险业而言还属于新生制度，它的兴起和发展是值得期待的，相互保险制度能够给我国保险行业带来什么样的冲击和改变也是值得关注的。作为保险相关理论研究者，为我国相互保险行业的顺利发展提供法律上的后援和支持也是当前刻不容缓的理论任务。

二、研究意义

区别于股份制保险公司对营利性目标的追求，相互保险组织能够更好地体现保险互助的最原始功能，购买相互保险的投保人可以以较小的支出成本得到更为充分的保险保障。域外的相互保险组织在设立初期大多以非营利性的合作社形式出现，对发展市场经济并没有明显的辅助作用，后期相互制保险公司的规模性发展多出于历史原因外加政策性因素：历史原因是相互保险社作为一种传统的保险方式还是有很多受众，即便是股份制保险公司后来居上，但由于相互保险社已经拥有相对稳定的客户群体，所以这一组织形式无法被直接淘汰；政策性因素体现为国家在一些特定行业中对相互制保险的倾向性保护和专业导向发展策略。股份制保险公司由于其以营利为核心的基本属性，很难在面对与保险消费者的利益冲突时选择牺牲公司和股东利益以迎合消费者的要求，特别是早期的股份制保险公司的经营并未强调社会责任的体现，结果造成公司对消费者和社会利益的侵害并引发了公众对其的抵制，正是在这样的社会背景下相互制保险公司获得了充分发展的空间。但由于相互保险的本质属性与市场经济并不相容，如果相互保险组织希望按照股份制保险公司那样大规模发展，势必需要耗费大量前期资金的投入，因此融资问题是相互制保险发展过程中的一大“短板”，考察目前国外相互制保险发展态势，如若维持其互助本性只能继续保持小规模团体化经营，否则只有选择非相互化以获得注资维持其规模化发展。对相互保险组织成员而言，组织经营形式的改变对其来说利弊参半，从成员到股东身份的转变固然可以使之获得受公司法保障的股息和分红，但同时其也要承担公司经营不善带来的预期损失。最为重要的是组织成员身份从双重到单重的转变，对会员而言已经失去了最初加入相互制保险组织的意义，无法实现其对保险利益的最基本要求。

目前，国外学者对相互保险制度从经济学层面研究的论著较多，单纯从法律层面研究相互保险行为的较少，国内对相互保险的研究也相对较少并且角度单一，缺乏对其深入系统的研究和细分总结。结合当前国家着力发展相互制保险的契机，我们需要从新的角度来考察相互保险制度域外发展过程中的优缺点，构建符合我国保险市场的相互保险体系，对相互保险组织中会员权的研究不失为合适的出发点。组织中会员享有的权利与目前我国经济市场的主体权利要求并不相同，就相互保险组织控制者而言，应当将会员利益放在首位，真正站在中低收入者的立场考虑其保险需求，而不应片面追求规模化发展，否则组织最终只能选择融资以“去相互化”，转变为股份制保险公司。

结合《相互保险组织监管试行办法》的相关规定来看，我国目前成立的相互保险组织可以初步被定性为采取公司化管理的合作社性组织，但由于我国尚未制定合作社法，加之政策性原因，发展初期的相互保险制度与合作社制度均依附于农业制度发展。因此将相互制保险拓展至其他原本以股份制保险为主导的领域是保险行业的新尝试，具体采取何种方式发展和经营尚处于探索状态，能否真正实现保险监管部门预期目标需要立法和监管机关的紧密协作。《相互保险组织监管试行办法》中规定，我国的相互保险组织由主要发起会员发起设立，因此主要发起会员在组织成立前即在组织中占据了特殊地位，就我国目前首批获得相互保险牌照的 3 家相互保险组织来看，其主要发起人中除 2 名自然人外其余均为公司法人〔1〕，将本质上为非营利性质且以“互助协作”为基本目标的相互保险组织授权给营利性公司法人设立和经营，是否

〔1〕 众惠财产相互保险社的主要发起会员为永泰能源股份有限公司、英联视动漫文化发展（北京）有限公司、联合创业集团有限公司、金银岛（北京）网络科技股份有限公司、上海烜裕投资管理有限公司、西藏德合投资有限公司、大连先锋投资管理有限公司、昆吾九鼎投资管理有限公司、邢台市振德房地产开发有限公司、深圳市前海新金融投资有限公司 10 家企业和李静、宋伟青 2 名自然人；汇友财产相互保险社的主要发起会员为长安责任保险股份有限公司、潍坊峡山中骏创新产业发展有限公司 2 家企业；信美人寿相互保险社的主要发起会员为浙江蚂蚁小微金融服务集团股份有限公司、天弘基金管理有限公司、国金鼎兴投资有限公司、成都佳辰投资管理有限公司、汤臣倍健股份有限公司、深圳市腾邦国际商业服务集团股份有限公司、深圳市新国都股份有限公司、北京远望创业投资有限公司、北京创联中人技术服务有限公司 9 家企业。

会对我国相互制保险的发展造成影响，值得关注。

虽然我国保险监管部门结合国外相互保险机构实践经验将承担筹集初始运营资金职责的主要发起会员定位为组织债权人，但主要发起会员在组织中的控制性地位还是会对会员权的实现造成威胁和阻碍。在相互保险组织中，会员兼具的双重身份使其看似成为权利结构最为“完美”的主体，但从《相互保险组织监管试行办法》第 15 条的相关规定来看，对会员参与、监督管理类的“股东”性权利的规定远远超过了其基于投保人身份的“客户”性权利的规定，目的似乎是激发和强调会员作为组织所有者的“主人翁”意识，但偏偏由于相互保险组织的非营利性或微营利性经营，最利于强化和激励会员所有者权利意识的股息和红利是不存在的（从国外经验看，相互保险组织很少向会员进行利润分配），造成的后果是会员权本质结构缺乏合理性，会员能够参与组织中的经营管理的权利最终沦为空置，缺乏利益激励的会员最终只能享有“客户性”权利。相互保险组织会员权设定的缺陷势必会影响组织的发展方向及初期会员的招募，我国的保险市场也无法如其他国家那样耗费几十年甚至上百年的时间去慢慢等待相互制保险制度的自然成熟，唯一的办法只能是从各方面特别是立法和监管方面完善各项规定，才能在股份制保险公司一家独大的严峻形势下吸引青睐于相互保险制度的忠实受众群体，使相互保险制度真正成为能够服务于中低收入者的体现保险原始优势的保险制度。

三、研究内容和研究方法

本书针对我国相互保险制度发展初期所面临的理论及现实困境提出对相互保险组织会员权的分析与理解意见。针对相互保险组织会员界定不明朗的问题,《相互保险组织监管试行办法》中涉及的主体有主要发起会员、一般发起会员及会员,本书所讨论的会员指的是一般发起会员及会员,原因在于两者除加入组织时间先后不同外,其他权利要求和义务责任完全一致的。目前,我国对相互保险组织会员权利内容的规定不完善,《相互保险组织监管试行办法》第15条规定的会员权利包括表决权、选举权与被选举权、参与民主管理权、批评建议权、监督权、查阅权、分享盈余权和享受保险及服务权等,这些权利并没有针对会员在相互保险组织中所具有的双重身份特征进行区分和平衡,对会员应享有的会员大会召集权、转让出社权、退社权、剩余财产请求权等也未加以完善规定。针对会员由于在组织中的弱势地位导致的与其他主体之间的权利冲突和权利实现困境问题,本书提出了相应的解决和救济方式。

相互制保险有着深厚的历史渊源和制度基础,其他国家在多年的相互保险制度发展过程中积累了成熟的立法及实践经验,我国未来的相互保险制度构建可以取其精华,为我所用,在保持自我发展特色的同时与国际相互保险经营经验接轨。本书针对相互保险组织中会员权利的界定和研究，拟采用实证方法和比较方法：首先，运用实证方法来考察相互保险制度的起源，对其理论基础、运作理念以及实践价值进行审思，同时对域外的相关立法及司法资料进行分析和梳理，以资对我国相互保险会员权的完善提供理论基础；其次，以美国、英国、日本等国家为例，对这些国家的相互保险机构中成员的权利规划及保护现状进行深入分析，并针对各国相互保险机构对会员权利的制定与保障进行比较研究，结合国内保险行业发展现状为我国相互保险组织中会员权的实现和完善提供参考。

四、研究难点及研究创新

本书的研究难点在于，由于我国保险业一直以发展股份制保险为主，并未给予相互制保险足够的重视，因此从理论角度对相互保险组织内部法律关系进行探讨的论著相对较少，学界更偏重对相互保险的制度优越性、内部治理结构及其与股份制保险的比较等制度构建问题进行评价性研究。相互保险组织会员最基础的身份是相互保险组织的投保人，同时因其缴纳保费的资本金性质，其同时具有了类似于股东的身份，但会员享有的权利却并非股东权利与投保人权利的简单融合。目前，我国与相互保险组织会员身份最为接近的是农业合作社中的社员，但我国的合作社社员研究理论主要集中在农业领域，对其他普通保险领域的会员权利要求的借鉴意义有限。虽有学者对相互保险组织中的相关主体及其权益进行了阐释,[1]但很少有人对作为组织所有者的会员及其权利进行深层次剖析,特别是针对相互保险组织会员正当权利实现的难题,尚未有系统性的研究理论和有效的解决方案。有学者主张,为实现会员利益的最大化,应明确相互保险组织中具体的权利配置原则并对主体利益之间的冲突进行制衡,但未针对会员权利实现提出有效的制衡方式。[2]

从实践意义上说,相互保险组织会员权的保障和实现直接关系我国相互保险组织的前期招募和后续发展,因此本书研究的创新点在于,从法学研究者视角对相互保险组织会员享有的会员权进行深入分析和挖掘,在参考域外成熟的相互保险制度发展经验的基础上结合我国民事制度相关理论,对会员权的理论基础和内容体系进行深入探讨,并结合我国保险行业实际情况提出具有针对性的完善性建议,最后针对会员权的实现困境提出相应的保护方式和救济措施,希望该研究能为我国相互保险制度的发展提供参考和借鉴。

〔1〕 较有代表性的研究成果参见庹国柱、朱俊生:《对相互保险公司的制度分析——基于对阳光农业相互保险公司的调研》,载《经济与管理研究》2008 年第 5 期;梁涛主编:《相互保险组织运作及风险管理研究》,中国金融出版社 2017 年版。

〔2〕 参见方国春:《中国相互制保险公司治理的法律规制——基于公司治理主体权利视角》,法律出版社 2016 年版,第 203 页。

第一章

相互保险组织会员及会员权基本理论

相互保险组织中的会员是一类较为特殊的民事主体，其虽然由向组织投保的自然人或法人组成，但由于相互保险组织特殊的经营模式，会员的权利和义务与我们所熟知的股份制保险公司中的投保人并不完全相同。

一、相互保险组织会员概述

（一）会员的界定与特征

相互保险组织会员在英文中往往用“policy owners”“members”指代，以区别于股份制保险公司中的股东（shareholders），通常可以翻译为保单持有人、成员或者社员，相互保险公司中的投保人同时也是公司的所有者，指的是购买相互保险公司保险或者履行了相互保险社或保险合作社入社手续的自然人或法人。[1]根据我国《相互保险组织监管试行办法》中对会员的界定[2]，并结合相互

〔1〕 See James A. Smallenberger, *Restructuring Mutual Life Insurance Companies: A Practical Guide through the Process*, 49 Drake Law Review 56(2001).

〔2〕《相互保险组织监管试行办法》第14条规定：“会员是指承认并遵守相互保险组织章程并向其投保的单位或个人。”

保险组织的成立性质对该条进行分析可知，购买相互保险产品的会员与股份制保险公司的投保人并不完全相同，相比较而言前者对会员的身份及权利的要求更为复杂。相互保险组织中的会员因保险合同的订立可以享有组织提供的保险服务这一点无可厚非，但会员同时需要承认并遵守组织章程的要求使组织会员类似于股份制保险公司中的股东，因此相互保险组织中的会员更像是股份制保险公司中股东和投保人的结合体（我国台湾地区学者称其为“保东”），会员在组织中同时享有和履行体现双方主体特征的权利和义务。组织会员身份的特殊性使传统股份制保险公司中股东和投保人之间因利益对立关系导致的低效率和道德风险问题消弭于无形，因此相互保险组织可以更好地为会员提供保险服务。

“相互保险公司的投保人在加入相互保险时，即认知到其将同时具双重身份，且该双重身份不能割裂而存在，否则即失去相互保险之相互性特色。”[1]结合《相互保险组织监管试行办法》中的界定，我国相互保险组织会员身份上的双重性具体表现为以下两方面：一方面，会员作为相互保险组织的服务对象，是向相互保险组织投保并且签订保险合同的客户，会员出于投保目的，会从投保人角度对组织的行为及义务进行要求；另一方面，会员加入组织的同时即须遵守组织章程，这点类似于公司法中对股东的要求，公司股东基于投资或者其他合法原因而对公司享有股权，而

〔1〕 陈俊玮：《论医疗责任保险之未来——建立相互保险组织之刍议》，台湾政治大学2015年硕士学位论文，第87页。

相互保险组织经营上的特殊形式导致其会员入会时缴纳的保费同时具备资本金性质，会员以此为基础享有作为组织所有者所应享有的一系列权利，当然也应当受到章程约束并履行相应义务。这种会员的双重身份特性源于早期为分担风险损失由成员自发组成的传统相互保险经营形式，小规模非营利性的经营模式要求其成员必须身兼管理经营职能，自主管理且仅以内部成员为服务对象的组织形式更为契合“互助协作”的朴素保险理念。当然，一旦相互保险机构的组织形式发生改变（转制为股份制保险公司或者成为“相互控股公司”），会员的双重身份即会出现根本上的分裂。〔1〕而且随着各国相互保险机构经营范围与规模的扩大及与股份制保险公司之间的融合吸收，会员开始逐渐远离相互保险经营核心，组织控制者更倾向于将其定位为组织的“客户”，其在组织中具有的“股东”性身份受到多重限制和约束，导致会员的双重身份中出现了代表不同权利位阶的主次“人格”，但只要保险组织还是以相互制的形式存在，会员身份本质上的双重性就不会改变。

（二）会员的分类

1.我国《相互保险组织监管试行办法》中的会员分类方式

《相互保险组织监管试行办法》中用会员、主要发起会员及一

〔1〕 See Kimberly Inman, *The Mutual Holding Company: A New Opportunity for Mutual Insurance Companies,* 42 Saint Louis University Law Journal 622(1998).

般发起会员来区分相互保险组织中的三种身份、地位不尽相同的权利主体。根据该办法的规定，无论是设立一般相互保险组织还是专业性、地域性相互保险组织，均要求有符合相应条件的主要发起会员和一般发起会员。[1]相互保险组织的设立需要由主要发起会员提供初始运营资金，该部分资金为借款性质，当组织未分配利润和盈余公积之和达到初始运营资金数额后，经会员代表大会通过并报经保险监管部门批准后，主要发起会员可以得到组织偿还的本金和利息。由于主要发起会员提供的资金是组织成立必不可少的基础条件，而且可以预期的是，尚处在运营初期的相互保险组织很难在短时期内对该部分资金进行清偿，因此在组织成立初期，主要发起会员在组织中的地位与我国《公司法》中规定的股份有限公司发起人的地位极其类似，其基于对投入资金安全性的考量会对组织经营管理进行掌控进而实现其在组织中的控制性作用。其他会员由于身份的双重性而与主要发起会员之间的关系比较复杂，如前所述，从会员的“客户”性特征看，两者之间的关系类似股份制保险公司中投保人与股东的关系；而从会员的“股东”性特征看，两者之间的关系类似于公司小股东和大股东之间的关系。由于主要发起会员投资设立相互保险组织的目的与会

〔1〕《相互保险组织监管试行办法》第7条规定：“设立一般相互保险组织，应当具备以下条件：(一)具有符合本办法规定的主要发起会员和一般发起会员。其中，主要发起会员负责筹集初始运营资金，一般发起会员承诺在组织成立后参保成为会员，一般发起会员数不低于500个……”

员加入组织的目的缺乏利益基础上的统一，双方在组织中的权利要求很难达成一致。

《相互保险组织监管试行办法》中对一般发起会员的要求是其承诺在组织成立后参保成为会员，保险监管部门对其并无出资或者其他方面要求，因此尽管一般发起会员名称中带有“发起”二字，但其主要是作为相互保险组织设立时的“物质性”基础条件存在，除入社时间有先后差别外，一般发起会员的权利义务与后期加入组织的其他会员并无差异。结合《相互保险组织监管试行办法》第14条的规定，本书讨论的会员范畴除在组织成立后通过购买保险加入组织的普通会员外，还包括依照最初设立要求加入相互保险组织的一般发起会员。

2.其他分类方式

（1）法定会员、特定会员与发起会员

作为我国目前唯一的相互保险公司——阳光农业相互保险公司在发展过程中积累了不少独特经验，该公司将其会员分为法定会员和特定会员，法定会员即保单所有人，凡与该公司签订种植业、养殖业保险合同者，自动取得法定会员资格；而后者则针对的是从事农业保险及农业保险相关事业的专业人士，也可以包括公司内部从事管理的工作人员。[1]除此之外，该公司召开会员大会时，还会有“发起会员”（黑龙江北大荒农垦集团有限公司）

〔1〕 参见庹国柱、朱俊生：《对相互保险公司的制度分析——基于对阳光农业相互保险公司的调研》，载《经济与管理研究》2008年第5期。

的参与。

该公司属于以农业保险为主要经营项目的相互保险公司，特定会员的设置较好地考虑到农业保险专家及相关人员在公司中的地位，可以为董事会决策提供专业性建议，其作用类似于我国《公司法》中规定的独立董事，可以从有益于法定会员权利的角度与法定会员一起平衡公司中的权利体系，防止公司直接经营者对企业经营策略的垄断，是我国专业化相互保险公司发展过程中积累的宝贵经验。公司中代表不同利益和身份的会员在会员代表大会中所占的比例直接影响其所代表群体在公司管理中的话语权，以阳光农业相互保险公司第三届会员代表大会为例，会员代表构成比例为法定会员 49%、特定会员 24%、发起会员 27%，法定会员在会员代表大会中的比例不足 1/2，在需要超半数投票或者 2/3 以上投票比例通过决议时，法定会员明显不占优势，很难通过表决权的行使起到对公司管理层的监督和制约功能，相互保险公司独特的制度优势被削弱和制约。[1]因此，在公司经营中强制规定董事会、监事会及会员代表大会中法定会员所占的比例，对公司中人数众多且处于弱势地位的法定会员来说极为必要，毕竟，从委托—代理关系的角度来看，其他会员与法定会员之间的利益诉求也不尽一致，如果特定会员能够秉持其在公司中的职责，当然有利于法定会员权利的实现；但一旦其偏离权利行使轨道，那么公

〔1〕 参见许敏敏、王灵冉：《我国相互保险公司发展研究——以阳光农业相互保险公司为例》，载《保险职业学院学报》2018 年第 6 期。

司的经营目标就可能倾向于特定会员和发起会员的利益要求，而不是法定会员利益最大化。[1]

（2）老会员与新会员

该分类方式是从入会时间角度进行区分，老会员指的是承担相互保险公司发起责任的人，类似于《相互保险组织监管试行办法》中规定的主要发起会员；而新会员则是在公司成立后通过签订保险合同加入的会员。老会员在公司中因其设立行为享有更多的经营管理方面的控制性权利，而新会员虽然也能够在公司中享有选举权、表决权等权利，但其权利的实现过程会部分受制于老会员。此种采取由发起公司的老会员管理的保险经营模式，能够鼓励和激发广大投资者设立相互保险公司的积极性，对后来加入的新会员可以采取按照其投保金额分红的处理方式，同时考虑在董事会中留出一定的名额给新会员代表。[2]此种分类方式类似于《相互保险组织监管试行办法》中规定的主要发起会员和会员之间的界定方式，但更为强调老会员因发起行为在公司中的主导性地位和作用，老会员和新会员虽然同为会员，但两者的权利义务有诸多不同之处，老会员占据公司经营主导地位，而新会员只能基于与公司之间的合同关系享有限制性权利。此种分类方式过于

---

〔1〕 参见庹国柱、朱俊生：《对相互保险公司的制度分析——基于对阳光农业相互保险公司的调研》，载《经济与管理研究》2008 年第 5 期。

〔2〕 参见江生忠编著：《保险企业组织形式研究》，中国财政经济出版社 2008 年版，第 145 页。

强调老会员的权益，固然其基本出发点在于吸引更多的投资者作为“老会员”来设立相互保险公司，但对新会员权利规定的限制不利于公司成立后的会员招募，因此较难体现相互保险公司中会员的平等地位，进而导致新老会员之间的冲突。

(3)传统会员与非传统会员

在英国的相互保险组织中，因保险合同的签订加入相应相互保险组织的会员即为传统会员。英国传统的相互保险组织同样不能在股票市场上发行股份，其资本金主要来自组织的营业利润再加上特定的权益投资，但是，仅依靠这样的资本基础，很难使相互保险组织在市场中快速地、大规模地进行资本扩张。因此，为了解决相互制保险的融资难题，吸引其他非投保主体对组织进行投资，英国保险业允许相互保险组织在传统会员之外招募非传统会员。根据 2015 年颁布的《英国相互保险组织递延股份法》的规定，相互保险组织可以通过新的方式筹集资金，具体方法是允许组织发行递延股份(deferred shares)，递延股份的持有人将成为相互保险组织的成员(非传统会员)，但通过持有递延股份加入组织的会员在投票权上受到一定的限制，并且其资金回报受到递延股份票面价值的限制。[1]这些非传统会员无论其持有的递延股份面值为多少也只能享有一个投票权，即便是互助社或者相互保险公

〔1〕 参见王志宇：《没有股东权益的相互保险组织如何实现权益融资——〈英国相互保险组织递延股份法〉简介》，载彭冰主编：《法律与新金融》2016 年第 2 辑，法律出版社 2018 年版。

司的传统会员同时持有递延股份也不会另外增加其投票权数目。除此之外,还要求他们只有在相互保险组织解散后才能收回其投资。非传统会员加入相互保险组织的目的与股份制保险公司中的股东基本相同,均是为了基于股份投资获得相应的经济收益,与传统会员追求保险利益的主诉求存在明显差异。另外,英国的相互保险组织为了进一步增加相互保险产品销量、募集资金,还允许会员之外的主体单纯作为投保人进行投保,这些主体仅享有基于保险合同的保险利益,不能作为组织所有者参与组织管理和盈余分配,也属于非传统会员的范畴。非传统会员的加入能够拓展相互保险组织的经营渠道并有利于组织经营中的资本汇集,并不会因此改变相互保险"互助协作"的基本性质,毕竟传统会员才是组织主要的服务对象。英国相互保险组织的这种会员分类方式相比其他国家更为灵活多变,给相互保险组织提供了多种参与方式,弥补了传统相互保险偏保守的招募模式,给参与者更多的选择途径,以满足其不同的利益需求。

(三)会员与相关主体的比较

1.会员与主要发起会员

我国目前的相互保险组织由主要发起会员发起设立[1],由于主要发起会员在我国相互保险组织中的权利和义务类似于公司

〔1〕《相互保险组织监管试行办法》第10条第1款规定:"初始运营资金由主要发起会员负责筹集,可以来自他人捐赠或借款,必须以实缴货币资金形式注入。"

设立中的发起人，结合我国相关立法和学者论述中对发起人的界定，可将主要发起会员定义为相互保险组织设立时提供初始运营资金，并签署组织章程、履行组织设立职责的人。主要发起会员在相互保险组织中的关键意义在于其“发起”作用，其名称中的“会员”与后期其他向组织投保的会员的含义并不相同，具体体现在以下三点。

(1)存续时间不同

严格意义上来说，主要发起会员只应当在组织设立阶段体现其积极作用，该时期组织还未开始招募会员，由主要发起会员负责筹集组织设立阶段的初始运营资金并承担其他设立阶段准备工作。组织成立后，此时的主要发起会员的身份是组织的债权人，一旦其债权及利息得到清偿，主要发起会员就应当从相互保险组织中退出。也就是说，组织中的主要发起会员身份的存续与其向组织提供的运营资金息息相关——始于该项资金的提供，终于该项资金的清偿。而其他会员是在相互保险组织成立后通过与组织签订保险合同加入的，在合同效力存续期间内持续享有会员身份，只有双方之间保险合同解除或者发生涉及章程规定的特殊情况时会员资格才会随之消灭。

(2)条件限制不同

自然人和法人均可成为相互保险组织的主要发起会员，由于主要发起会员须承担组织设立过程中的各种责任，我国保险监管部门对其资格条件及民事行为能力有较为严格的限制和要求。结合目前的实践情况来看，我国相互保险组织中的主要发起会员多为公司法人，因此其首先应满足公司设立的基本条件；如果主要发起会员是自然人，其应当具有完全民事行为能力，否则难以完成设立阶段的筹备性工作。除此之外，主要发起会员要为组织提供巨额的初始运营资金且需承担设立失败的风险，因此我国保险监管部门对其资质及信誉均有严格要求。[1]相对而言，组织在招募其他会员时没有严格限制性要求，会员作为投保者仅需满足保险合同中要求的基本条件并且具备完全民事行为能力，其他对投保财产或者被保险人的特殊要求和限制与会员无关，原因在于被保险人和受益人并不是组织的会员。

（3）权利内容不同

对主要发起会员在组织中权利义务的界定分为两个不同的阶段：组织设立过程中和成立后。我国公司对发起人在设立阶段更为关注的是其义务和责任，毕竟对基于营利目的履行公司设立事项的发起人来说此阶段确实“无利可图”，其期待性权利须待公司成立后方可实现。主要发起会员作为相互保险组织设立阶段的负责人，需要完成我国保险机构设立过程中要求的诸多程序性事项，该阶段中主要发起会员的权利与其义务紧密结合在一起，与其利益实现最为紧密的两项权利是章程制定权和费用请求权。

〔1〕《相互保险组织监管试行办法》在第 11 条中规定主要发起会员“应当信誉良好，具有持续出资能力，其资质要求参照《中华人民共和国保险法》、《保险公司股权管理办法》中主要股东条件，主要发起会员为个人的除外”。

《相互保险组织监管试行办法》第 7 条规定，相互保险组织设立时必须“有符合法律、法规及本办法规定的章程”，章程作为相互保险组织设立的必要条件之一，是依照组织成员的法律行为而制定的对组织内部关系进行规范的规则，也是组织治理的重要依据。在公司设立过程中，无论采取何种方式设立，章程均须由发起人制定并签章。与此相同，相互保险组织章程也应由主要发起会员共同制定并签章。制定组织章程对主要发起会员而言既是其权利也是其义务，主要发起会员在组织成立后所拥有的权利也应在章程中明确规定。费用请求权指主要发起会员针对其在组织设立期间代为支付的各项必要支出及所付出的劳动应取得的报酬，要求成立后的相互保险组织予以偿还的权利。组织设立过程需要由主要发起会员完成提交申请、经营场所选定及管理人员选任等若干程序事项，因此所支出的费用只能由组织设立者即主要发起会员先行垫付，待相互保险组织正式成立后再由主要发起会员行使针对该部分资金要求组织偿还的权利。

根据《美国马萨诸塞州保险法》的规定，为相互保险公司提供借款的保证资本提供者仅作为公司过渡性治理主体存在，其应当于公司成熟阶段退出，该项规定对我国相互保险组织中的主要发起会员亦存在参考意义。[1]《相互保险组织监管试行办法》中对于主要发起会员在组织成立后的权利并未给予过多关注，仅在第

〔1〕 参见方国春：《我国相互制保险公司治理主体权利与配置研究》，载《保险研究》2016 年第 8 期。

15条针对“承认并遵守相互保险组织章程并向其投保的单位或个人”，也就是会员，规定了表决权、选举权与被选举权、分享盈余权、享受保险服务权等各项财产性和非财产性权利，依该条规定主要发起会员只有在同时身兼会员身份时才能享有上述权利，否则仅能基于其提供的初始运营金享有运营金偿还请求权和运营资金利息支付请求权。〔1〕

2.会员与股东

股份制保险公司在我国发展多年，有深厚的理论兼实践基础，美国学者道格拉斯·P. 朗主张相互保险公司与股份制保险公司至少有三种差别：首先，两种公司中享有所有权和管理权的主体不同，股份公司的是股东，相互保险公司的是投保人；其次，股份制保险公司中的股东可以自由转让或出售其所持有的股份及所附带的权利，但相互保险公司成员行使类似权利需得到公司许可；最后，股份制保险公司以营利为目的，相互制保险公司理论上只能在维持成本的基础上为成员提供保险，不为营利而存在。〔2〕公司虽然享有独立的法人资格，但其成立的根本目的是保障股东利益的实现，股东是公司各项经营活动所关注的核心。公司中股

〔1〕《相互保险组织监管试行办法》第10条第2款规定：“在弥补开办费之前，相互保险组织不得偿还初始运营资金。初始运营资金为债权的，在盈余公积与未分配利润之和达到初始运营资金数额后，经会员（代表）大会表决通过，并报保险监督管理机构批准，可以分期偿还初始运营资金本金和利息。当偿付能力不足时，应停止偿还初始运营资金本息……”

〔2〕 See Douglas P. Long, *Governance of Mutual Insurance Companies: A Call for Reform*, 29 Drake Law Review 433(1979).

东权利的享有是以其出资为基础的，相较而言，由于世界范围内股份制公司发展较为成熟，因此各国公司立法中对股东权利的规定和保护比相互保险组织中会员权利的设计更为系统和完善。在相互保险组织中，与股东相同的是会员同样处于组织所有者地位，其向组织缴纳的保费同时具有资本金性质，因此会员在组织中还同时享有与公司中股东相似的权利，鉴于两者权利在一定程度上的相似性，对组织中会员“股东”性权利的规定可以在参考股份制保险公司股东权利规定的基础上结合其自身特点进一步完善。

虽然相互保险组织会员基于其所缴纳保费的资本性质在组织中具有了类似股东的身份地位，但由于会员和股东在契约关系中的目的和利益要求不同，导致双方虽相似却又存在差异的表象和内在。相互保险会员资格的取得取决于保险合同的订立，加入组织的会员享有投保人身份的同时获得了组织“股东”的身份；而股份制保险公司中的股东则是通过持有公司股票而获得分享公司股息和红利的权利。由于受到保险合同的约束，会员与组织之间关系的稳定程度优于股东与公司，原因在于公司股东可以通过股票的购买与转让随时完成身份上的转换，股票的流动性也决定了股东与公司之间关系的稳定性完全取决于该公司股票的市场行情。但会员一旦加入相互保险组织，则意味着其在一定时期内不得从组织中退出（特别是人寿保险类），在这一时期内双方在保险合同的基础上履行各自的权利义务，如无正当理由，提前解除这种稳定关系的一方将会受到财产方面的损失。

3.会员与社员

保险合作社作为较为传统的保险组织形式，一般情况下集中于特定行业领域，以具有同质风险需求的主体为服务对象，如德国和法国针对农民的小型互保协会即为合作社类型组织，可以在农业经营中遇到自然灾害等情况时为农民提供保险救济。另外，保险合作社通常规模较小且主要服务于居住在合作社附近的消费者——为了使其成员能够“免费搭乘”其他亲自对合作社运作进行监测的积极成员努力的“便车”。[1]保险合作社一般属于行业内组织，特别是一些商业保险不愿承保的特定高风险行业，各国对保险合作社一般均有免税或者其他扶植政策。目前我国相互保险组织与会员之间的关系完全以保险合同的存在为基础，除章程另有规定外，加入组织的会员必须签订保险合同。而保险合作社社员是遵守保险合作社章程并履行入社手续的自然人或法人，申请加入合作社的社员除应当具备一定的条件外，还应认缴相应社资，社员入社后可以自由选择是否与保险合作社签订保险合同，与合作社签订保险合同的须另行缴纳保险费用后方可享受保险服务。社员与合作社的保险合同解除不影响其社员身份的存续，其依旧可以基于社员身份享受保险合作社的其他福利如盈利分红等。虽然保险合作社社员资格的取得与相互保险组织中的会员并

〔1〕 See Henry B. Hansmann, *The Organization of Insurance Companies: Mutual Versus Stock*, 1 Journal of Law Economics and Organization 1(1985).

不相同，但基于共同的“互助协作”保险目的，社员与保险合作社签订保险合同后与会员在相互保险组织中的权利义务基本相同。

二、相互保险组织会员权概述

（一）会员权的含义与特征

相互保险组织会员享有的会员权是其基于会员身份所享有权利的集合。相互保险组织会员与股份制保险公司投保人的最大不同就在于会员在消费相互保险产品的同时成为组织“股东”，从而在身份上具有了双重性质。公司中股东权利是股东法律地位的具体化，无论权利内容有何变化，其均代表股东向公司出资的“对价”。[1]相互保险组织会员所享有的权利是其在组织中地位的体现，如前文所述，因会员的双重性身份，其在组织中享有复合型权利，会员与相互保险组织签订保险合同之后，就与组织之间成立特定的法律关系，会员拥有的权利体现了其与股份制保险公司中股东或投保人不一样的定位。

会员权所具有的独特的双重性特征取决于相互保险组织对招募会员的定位，会员以“股东”身份为基础的权利主要体现为参与组织经营管理与监督、接受组织中的盈余分配等权利；而就组

〔1〕 参见赵旭东主编：《公司法》（第 3 版），中国政法大学出版社 2018 年版，第 147 页。

织"客户"的身份而言，因其与相互保险组织签订了保险合同，所以其享有由组织提供保险服务的权利。当然，在股份制保险公司中，如果作为股东同时投保了持股公司的保险产品或者投保人同时购买了所投保公司的股票，也会因股东与投保人身份重叠而导致权利的复合，但该情况的出现是由于消费者前后两种独立行为的出现所致，因此股东或投保人获得的两类权利之间并无内在的联系和干扰——也就是说，股份制保险公司中股东转让股票的行为不会影响其所持保单的效力，同样持有公司股票的投保人与保险公司解除保险关系后也不影响其股东身份的存在。而相互保险组织中会员双重权利的取得仅需通过与保险组织签订保险合同这一项行为，例如，信美人寿相互保险社在其产品介绍中规定，与信美人寿订立会员产品保险合同，承认并遵守信美人寿相互保险社章程的个人和特定团体以及上述特定团体中参保并交费的个人可以成为信美人寿相互保险社会员。此外，因投保行为产生的"股东"性权利和"客户"性权利紧密结合并互相辅助，当会员与组织之间的保险合同失去效力时，所有权利同时消灭。

（二）会员权的分类

1. 会员权的三种主要分类方式

依前文论述，相互保险组织会员享有的权利是一种较为复杂的权利，但代表两种身份的权利的融合并未使会员在组织中享有超然的掌控地位，反倒是出现了法定权利与其在组织中的实际地位无法匹配的尴尬状态，拥有诸多形式上的权利却缺乏与其权利实现相匹配的能力与途径，最终导致组织中会员权的虚置。国外学者经常将相互保险组织会员享有的权利笼统地称为会员的参与权（participation rights），毕竟会员各项权利的行使确实需要其积极参与到组织经营管理的过程中才能够实现。也有学者将该项权利称为相互保险公司成员权，并结合公司章程和相关法律进行细化区分，具体包括对提交成员表决的事项（如董事的选举）进行表决的权利，以及理论上获得相互保险公司盈余的权利。[1]相互保险组织会员虽然身兼股东与投保人双重身份，但其本身享有的权利并非两方面权利的简单组合，会员权利体系主次分明，相辅相成，共同服务于会员并保障会员在组织中的所有者地位。结合《相互保险组织监管试行办法》及组织章程中的相关规定，可以根据权利的不同内容和权利代表的不同利益将会员所享有的权利做如下区分。

（1）自益权与共益权

该分类方式参考了公司法中股东权的划分标准，自益权是会员在组织中为了自己的利益而享有并行使的权利，在同样可以享受保险服务的前提下，会员之所以会放弃股份制保险转而选择相互制保险，背后有其基于价值衡量因素的考量，作为相互保险组织的会员，其无须考虑与营利性保险公司之间的利益依赖，可以

〔1〕 See James A. Smallenberger, *Restructuring Mutual Life Insurance Companies: A Practical Guide through the Process*, 49 Drake Law Review 123(2001).

享受更为纯粹的保险服务，因此会员在组织中的权利需求很大程度上是基于自我利益的考量，如按照合同约定享受组织提供的保险和相关服务的权利，以及在组织经营有盈余时的盈余分享权和转让权、退社权等，另外也可以将基于个体目的行使查阅组织相关财务会计报告及会计账簿等文件的权利认定为具有自益性的权利，自益性权利的享有是会员在相互保险组织中权益实现的基础。共益权则是会员参与相互保险组织活动，为组织中全体会员的共同利益并间接服务于自我利益而行使的权利，如表决权、选举权与被选举权、监督权及批评建议权等。共益权是体现会员作为组织所有权享有者参与组织经营管理及监督的一系列权利，该权利行使的目的在于从会员角度维护组织的良性发展和会员整体利益的实现，这些权利的行使从直接效果上来说可以防止组织经营者在组织中权利的滥用，虽然最终得益者是所有会员，但组织整体利益实现的同时也必然有益于会员个体利益的实现。

（2）“客户”性权利与“股东”性权利

我国台湾地区的刘春堂教授根据会员在相互保险公司中的权利背后所依据的法律关系的不同将其区分为保险关系上的权利和社员关系上的权利，与之观点相类似，根据《相互保险组织监管试行办法》的规定，相互保险组织“由全体会员持有”并且“以互助合作方式为会员提供保险服务”，会员在组织中享有的权利可视为以同时满足上述两种法律关系为基础的权利结合体。从会员加入组织时签订的保险合同来看，会员作为投保人是组织的

“客户”，此时会员基于合同享有由组织提供保险服务的权利，在该权利的实现过程中会员是作为保险消费者来接受保险组织的服务的。从身为“客户”的角度而言，会员对相互保险组织的要求是有限的和具体的，并且取决于某些不幸事件的发生，从缔结保险合同的主要目的来看，组织会员会更为关注其向相互保险组织索赔时能否获得组织提供的及时赔付和良好服务，在这一方面，会员的立场明显不同于公司股东，股东在对公司的利益实现方面的要求是无限的，股份制保险公司的股东可以从公司的成长和扩张中获得增值收益，其在公司中投资资本的市场价值也会随之增加，而相互保险组织的会员由于组织经营形式及所面临的竞争压力，能够从组织中获得的资产增值极其有限。[1]

相互保险组织会员能够同时享有“股东”性权利是其与股份制保险公司中投保人的本质区别，具体的“股东”性权利可以结合《公司法》相关规定进行界定。相互保险组织吸引客户的主要亮点是会员向组织缴纳的保费同时兼具资本金属性，因此会员在组织中享有表决权、选举权与被选举权、知情权及盈余分配权等若干项与股份制保险公司中的股东相近似的权利。相互保险组织由于经营形式所限不能通过发行股票进行融资，只能通过吸引更多的投保人投保来维持组织的正常运营，通过对投保人享有的“股东”性权利的补充性规定可以增强相互制保险机构在市

〔1〕 See J.A.C. Hetherington, *Fact v. Fiction: Who Owns Mutual Insurance Companies*, 4 Wisconsin Law Review 245(1969).

场竞争中的优势。“客户”性权利和“股东”性权利相互结合，构成了相互保险组织中会员独特的权利体系，这也是相互保险组织相比股份制保险公司更能吸引那些厌恶商业保险营利模式及道德风险，追求高质量与低成本保险产品的理智消费者的重要原因。

（3）财产性权利与非财产性权利

该分类标准较为直观，以会员享有的权利是否直接体现财产性或与财产直接相关进行区分。德国民法对财产的界定较为概括，认为民事主体的财产权是对物权、债权和其他权利的统称，是由所有具有金钱价值的权利构成的。〔1〕有学者认为，民法中的财产权是权利主体对财产的概括性权利，除人身权外的其他具有财产内容的民事权利均属于财产权范畴。〔2〕就相互保险组织中会员享有的若干项权利而言，由于其享受保险服务的权利主要体现为当约定条件发生时会员无论是发生人身损害还是财产损失都只能向组织主张保险金的求偿权，该权利属于典型的财产性权利，除此之外，会员在组织中的盈余分配权也是以红利或者抵偿会员下年度保费的形式体现，毫无疑问也应当属于财产性权利。除了财产性权利外，会员享有的非财产性权利是其参与组织管理的辅助

〔1〕 参见［德］卡尔·拉伦茨：《德国民法通论》（上册），王晓晔等译，法律出版社2003年版，第409~414页。

〔2〕 参见魏盛礼、赖丽华：《私有财产权法学论纲》，载《南昌大学学报（人文社会科学版）》2006年第6期。

性权利，这些权利是会员在组织中所有者地位的体现，但会员在组织中的最终利益目标还是会落实到对保险金的赔付和盈余分配的关注。当然，由于目前我国相互保险组织特殊的发起模式，会员在组织中参与管理的权利能否顺利实现有待商榷，毕竟在组织中投入巨额运营资金的是主要发起会员，即便是将组织的经营决策权部分交给未必具有经营管理经验的普通会员去行使，也会对组织及主要发起会员的利益造成莫大的威胁。因此，会员非财产性权利真正的实现契机，可能需要在相互保险组织运营成熟，作为债权人的主要发起会员得到偿付并从相互保险组织中退出之后方能出现。

2.对会员权分类的审思

上述三种主要分类方式是对会员权利大体上的归类，相互保险组织中的会员权是相比公司中的股东权利更为复杂的一种权利。当然，参考股东权的分类方式还可以继续从其他角度对会员权利进行分类，但目前的分类方式已经基本可以囊括相互保险组织中会员对权利的不同倾向和需求，上文列举的几种分类方式从表面上看均为依据相应标准将会员权区分为具有对比性的两部分，但实质上每种分类方式中都存在着隐蔽的相关性。通过分析可知，上述不同分类方式中的后一类别权利均为前一类别权利实现的基础，同时每一项位于前位的权利都有赖于后位中权利的实现。也就是说，这些依据不同分类方式和标准进行区分的权利，从本质上而言都具有内在的联系和主次之分：例如，在自益权与共益权的分类方式里自益权应当被定位为相互保险组织中会员的主权利，会员行使共益权的内在驱动力是保障自益权的更好实现；同理，会员行使“股东”性权利的目的是监督组织董事和经营管理人员的不当行为，防止其权利滥用导致对会员的“客户”性权利的侵害。当然，权利的主次之分与会员诸多权利的重要与否并无直接联系，因此本书在后续探讨中对会员“股东”性权利保护更为关注的根本原因是这类权利更易被会员和相互保险组织所忽视和侵害，并且会员的“股东”性权利能否顺利实现决定着其“客户”性权利实现的最终质量和效果。

（三）会员权的产生与消灭

相互保险组织会员享有的会员权以其具备的会员资格为基础，无论会员采取何种方式，加入相互保险组织后即取得会员身份，享有组织章程及保险合同规定的一系列权利，而一旦其退出组织，其会员资格随之消失，除章程另有规定外，退出组织的会员不再享有原有权利。

1.会员权的产生

会员加入组织的方式包括创设入社、申请入社、继承或转让入社等，无论采取哪种方式入社，均意味着会员身份的取得和会员权的享有。

（1）创设取得产生

我国对经营保险业务的保险机构实施经营许可制度，因此相互保险组织的设立必须先取得保险业监管部门的许可，取得经营许可证，然后向市场监管部门办理设立登记。主要发起会员作为组织初始运营资金的提供者[1]，虽然在组织创设过程中发挥主导作用，但其设立行为并不必然导致入社行为的产生，因此未与组织签订保险合同的主要发起会员只能被视为组织的债权人。一般发起会员则有所不同，其作为相互保险组织设立的基础条件之一，仅需在组织设立阶段就组织成立后的参保行为与组织之间达成合意即可视为完成入社行为，即便其尚未与组织签订具有法律效力的保险合同。因此，一般发起会员在组织设立过程中即取得会员身份，当然其此时享有的只是一种预期权利，能否真正实现完全取决于组织能否成功设立。一般发起会员在组织创设阶段取得的权利与组织成立后申请入社的会员所享有的权利从本质上并无不同，只是因其是与尚在设立中的组织达成的合意，所以一般发起会员需承担组织因设立失败而造成的会员权利取得不能的风险。《日本保险业法》针对相互保险公司设立的条款中也有关于会员创始入社的规定，如其第 30 条第 6 款规定的“发起人在设立公司时，须依本款规定募集社员，社员人数不得少于 100 人”；第 8 款规定的“发起人在认购款缴纳完毕且提交认购申请的入社申请人人数

〔1〕《相互保险组织监管试行办法》第 7 条规定：“设立一般相互保险组织，应当具备以下条件：(一)具有符合本办法规定的主要发起会员和一般发起会员。其中，主要发起会员负责筹集初始运营资金，一般发起会员承诺在组织成立后参保成为会员，一般发起会员数不低于 500 个……”

达到100人后，须立即召集创立大会。”该条规定的公司在设立过程募集的社员即可归为因创设行为取得社员身份及权利的主体。

（2）申请入社产生

申请入社指自然人或法人因申请加入已成立的相互保险组织而成为新会员的行为。《相互保险组织监管试行办法》中对申请加入相互保险组织的主体并无特殊要求，只要其是“承认并遵守相互保险组织章程并向其投保的单位或个人”，即可入社成为组织会员并享有保险合同及组织章程规定的权利；当然，保险合同的解除也意味着会员身份及权利的丧失。在这一点上，相互保险组织与保险合作社有所不同，保险合作社的社员须先提交入社申请完成入社手续后方能成为社员，合作社社员享有合作社章程规定的各项权利，但只有在与合作社签订保险合同后社员方能享有保险权益，而且社员与合作社保险关系的解除并不影响其社员身份的享有。在相互保险组织中通过申请入社取得会员身份的仅限于向组织投保的会员，除此之外，保险合同中的被保险人、受益人或责任保险的第三人原则上均不能被称为组织会员，即便是作为组织设立者的主要发起会员，也只有在履行保险合同缔结行为后方能同时成为组织会员。除章程另有规定外，相互保险组织对通过与组织签订保险合同而入社的会员实行权利平等原则，所有会员享有同等权利并履行同样的义务。

（3）其他产生方式

以上两种方式为相互保险组织会员权利产生的常规方式，

《相互保险组织监管试行办法》也仅就这两种方式进行了规定。但除此之外，保险机构在组织形式上发生变更也会导致会员权利的产生，如当股份制保险公司转制为相互保险公司时，公司股东可以在符合相应条件的情况下成为组织新会员进而享有会员权利；相互保险公司与其他保险公司通过合并产生新的相互保险公司时，也会因会员的加入导致会员权的产生。保险市场经营的灵活性使会员权的取得具有多种可能性，基于主观或客观因素考量，相互保险组织会员权的取得还可能采取如下方式：

一是基于转让取得产生，相互保险组织会员身份的取得以其缴纳的保费和保险合同为基础，因此会员权的转让首先涉及的就是合同的变更。[1]在征得相互保险组织或者被保险人同意（结合具体的保险类型）的情况下，保险合同可以转让，以保险合同为基础的会员身份和权利也可以基于转让而取得。例如，信美人寿相互保险社推出的“信美相互传承美好（龙腾版）终身寿险”的保险条款在第 8.8 条“合同内容变更”中规定的“经您与我们协商一

〔1〕《民法典》第 545 条第 1 款规定：“债权人可以将债权的全部或者部分转让给第三人，但是有下列情形之一的除外：（一）根据债权性质不得转让；（二）按照当事人约定不得转让；（三）依照法律规定不得转让。”我国相互保险组织的相关规定和各组织章程中未规定禁止保险合同变更的条款，结合我国《保险法》第 34 条针对人身保险规定的“按照以死亡为给付保险金条件的合同所签发的保险单，未经被保险人书面同意，不得转让或者质押”和第 49 条针对财产保险规定的“保险标的转让的，保险标的的受让人承继被保险人的权利和义务。保险标的转让的，被保险人或者受让人应当及时通知保险人，但货物运输保险合同和另有约定的合同除外”进行分析，可以得出两个结论：第一，保险合同可以转让；第二，保险合同的转让必须得到保险人或被保险人的同意。

致，可以变更本合同的有关内容。变更本合同的，应当由我们在保险合同上批注或者附贴批单，或者由您与我们订立书面的变更协议”即可视为对会员权经转让取得的默认许可。

二是基于继承取得产生，会员权的继承取得指自然人会员死亡（含宣告死亡）后，该会员的继承人基于继承而成为新会员并随之享有会员权的情形。《日本保险业法》在第 34 条中除了规定社员的退社事由外，还规定了当社员死亡或者因合并而消灭时，其继承人可以继承社员的权利和义务，因此，相互保险组织会员权也可以基于继承产生。因会员权利包含人身性和财产性两方面的权利，发生会员权继承的事由时，须由继承人向相互保险组织履行相应的变更手续。当然，如果是以作为被继承人的会员死亡为标的的人身保险合同，会员的死亡将导致保险合同的履行，合同履行完毕保险合同自动终止，会员资格也相应终止，此时不涉及权利继承问题。所以会员权的继承仅限于非以死亡为标的的人身保险或财产保险合同，此时会员作为投保人，允许其会员权的继承意味着保险合同的继续履行，对相互保险组织来说有利而无害。

2.会员权的消灭

会员权伴随着会员资格的消灭而消灭。根据《德国保险监管法》第 20 条的规定，只有与相互保险公司之间存在保险关系者才能成为会员，除公司章程有其他规定外，会员资格于双方保险关系终止时丧失。《相互保险组织监管试行办法》第 18 条规定了会员资格可以因保险合同的终止或章程规定事由发生两种情况而自动终止，由于相互保险组织中会员与组织之间的保险关系以会员身份为基础，会员资格的取得与保险关系的存在具有一致性，当会员资格终止时，基于保险关系享有的会员权必然消灭。实践中，除因客观原因导致的相互保险组织解散、破产及通过与其他公司合并或转制为股份制保险公司而消灭外，会员权消灭的主要原因是会员的主动退社行为。

(1)基于主动退出而消灭

公司中的股东可以选择从公司中退出，股份制公司中的股东可以采取最简便易行的转卖股票方式退出公司导致股权消灭，有限责任公司的股东退出虽然从程序上而言较为复杂，但在满足相应条件的情况下，也可以要求公司收购其持股，从而退出公司。另外，《农民专业合作社法》中也有允许社员主动出社的条款规定[1]，以此类推，在相互保险组织中，依据契约自由原则，会员入社自由，同时也应当享有退社自由。

众惠财产相互保险社在其章程第40条中规定了保险合同效力终止和因保险合同终止导致会员资格终止的情况，此种情况如系会员方选择，则属于会员主动退社，结果会导致会员资格的终

〔1〕《农民专业合作社法》第25条规定："农民专业合作社成员要求退社的，应当在会计年度终了的三个月前向理事长或者理事会提出书面申请；其中，企业、事业单位或者社会组织成员退社，应当在会计年度终了的六个月前提出；章程另有规定的，从其规定。退社成员的成员资格自会计年度终了时终止。"

止和会员权利的消灭。就会员缴纳的保费在组织中具有的资本性而言，该部分资金应当可以允许自由转让进而使会员脱离组织。但就保费的保障性而言，会员投保人的身份限制使得其如果通过与组织解除保险合同退出组织的话，需要承担因合同解除带来的预期利益损失。

（2）基于被动退出而消灭

会员的被动退出指违背会员意志的出社。开除是最常见的被动退社情形〔1〕，将会员开除出相互保险组织意味着对会员身份的强制剥夺，因组织与会员属于权利平等的民事主体，即便该强制行为是基于相互保险组织的章程规定，也可能存在不当情形，针对这一情况的处理方案可以参考《农民专业合作社法》第 26 条第 3 款中补充规定的“在实施前款规定时，应当为该成员提供陈述意见的机会”。被动退出相互保险组织必然意味着会员身份及权利的消灭，此种对会员的惩罚措施一般出现在组织事先有相应规定、会员明知并且会员行为较为恶劣的情况下。如众惠相互保险社章程中针对会员出现“滥用会员权利，损害本社或其他会员的合法权利”的情形，规定经组织董事会办公室认定，可以终止该会员资格。

〔1〕《农民专业合作社法》在第 26 条第 1、2 款针对其成员的除名进行了规定：“农民专业合作社成员不遵守农民专业合作社的章程、成员大会或者成员代表大会的决议，或者严重危害其他成员及农民专业合作社利益的，可以予以除名。成员的除名，应当经成员大会或者成员代表大会表决通过。”

(3)基于客观情况出现而消灭

这种情况的会员权利消灭,既非出于会员自身的意愿,也非外力强迫,而是基于客观事实导致的会员出社进而会员权利消灭。总体来看,导致事实出社的情况主要包括自然人社员的死亡或者相互保险组织的解散与破产,就第一种情形而言,虽然原则上会员权利应该可以继承,但在保险合同不符合继承条件或者继承人放弃继承的情况下,只能基于该事实的存在,认定会员资格的终止和会员权利的消灭;第二种情形是相互保险组织作为市场中的商事企业经营形式,在经营不善时选择清算或者破产进而导致组织解散时不得已的选择,[1]这种情况无疑也会导致会员资格的丧失和权利的消灭。

另外,满足相应条件的相互保险组织在转制为股份制保险公司时也会导致会员权利消灭,如《日本保险业法》第 90 条规定:"相互公司的社员可以决定在组织变更后接受股份公司的股份或金钱。"我国众惠相互保险社也在其章程第 217 条中规定了"……本社可以变更组织形式。……本社变更组织形式时,可以以股份形式对初始运营资金出借人及其他计入所有者权益的运营资金提供人的剩余债权予以偿付"。因此,在相互保险公司转制过程中,

〔1〕 例如,汇友财产相互保险社章程第 238 条第 1 款规定:"出现下列情形之一的,本社应当解散并依法进行清算:(一)会员代表大会决议解散;(二)因相互社合并或者分立需要解散;(三)因不能清偿到期债务依法宣告破产;(四)依法被吊销营业执照、责令关闭或者被撤销;(五)本社经营管理发生严重困难,继续存续会使会员利益受到重大损失,通过其他途径不能解决的,合计占会员总数百分之三十以上的会员联合请求人民法院解散。"

会员可以选择成为转制后股份制保险公司的股东，也可以选择接受折算后的赔偿金退出相互保险公司，无论是接受股份还是金钱都意味着会员不再享有其原会员权。

第二章

相互保险组织会员权属性及内容

一、会员权的属性

如德国法学家耶林所言,“并非所有的利益都是权利,只有为法律承认并受其保护的利益才是权利”,会员在相互保险组织中享有的权利受到法律保障,但为何仅是会员而不是其他主体享有这些权利,有其内在原因,通过对会员权的属性进行分析可以在一定程度上对这个问题进行阐释。

(一)所有权属性

企业是各种对等主体结合后形成的以法人身份出现的新主体,构成其实际财产所有权的正常权利可以被分配至众多的参与者——股东身上。[1]将相互保险组织会员界定为组织的所有者,并将会员在组织中享有的权利定位为所有权,是各国立法及学界通例。所有权本质上是指所有人在法律限制的范围内对所有物为全面支配的物权[2],当然,所有权也并不仅是占有、使用、收益和

〔1〕 参见朱富强:《如何理解企业所有权:本质特征和现实归属》,载《浙江工商大学学报》2010年第1期。

〔2〕《民法典》第240条规定:“所有权人对自己的不动产或者动产,依法享有占有、使用、收益和处分的权利。”

处分等诸权能的简单相加，而是一种一般的支配权，是法律赋予所有人的法律上之力，所有人以该权利为基础可以直接支配标的物并且享有基于所有物的特定利益。[1]公司中股东的所有权以其持有股份为基础，公司经营者可以通过发行股票招募股东维持公司的发展和运营；当然，相互保险组织通常不会发行股份，组织会员享有的所有权以其交纳保费为基础。

传统的相互保险组织是集合会员对保险产品的需求后间接成立的，并无会员之外的投资人参与其中，因此会员通过其缴纳的保费所具有的资本金性质，可以取得在相互保险组织中的从财产控制到经营管理的绝对支配地位，在有关相互保险组织重大事项决策上享有最高意思决定权，此种情况下会员权的所有权属性彰显无遗。"由于相互公司之保户同时具有公司所有人与保单持有人的地位或资格，所有人关系与保险关系一体化，故整个公司为全部保户所共同拥有，不同于股份公司仅有投资者（股东）所拥有。"[2]结合目前的相互保险组织发展，由于我国采取的是由主要发起会员提供初始运营资金（完全从会员自发汇集的状态从小到大地发展相互保险需要漫长的发展周期）的方式完成组织设立程序，组织成立后再招募会员的发展方式，极易造成会员在组织中权利行使上的被动性。组织中主要发起会员的存在使会员无法

〔1〕 参见梁慧星、陈华彬：《物权法》（第6版），法律出版社2016年版，第104页。

〔2〕 洪宝晴：《相互人寿保险公司保户参与经营之研究》，台湾逢甲大学1990年硕士学位论文，第69页。

直接行使“占有、使用、收益和处分”这些所有权中的“积极性权能”，只能通过会员代表大会或者群体性提议的方式（如汇友财产相互保险社规定占全体会员 10% 以上的会员联合有权提名董事和监事）来间接实现其对组织经营和管理的权利。另外，虽然我国《民法典》未明文规定，但“消极性权能”也是所有权本身具有的本质性特征，对相互保险组织会员来说即为享有排除他人对其权利干涉的基本权能。就会员权的所有权属性来说，无论是所有权的积极权能还是所有权的消极权能，均体现了会员在组织中的支配权，当会员所享有的权利圆满状态受到妨害时，会员作为所有权人可以针对妨害者行使妨害排除请求权。

（二）债权属性

罗马法学家彼得罗·彭梵得认为：“债的本质不在于我们取得某物的所有权或者获得役权，而在于其他人必须给我们某物或者做某事。”[1]依照民法学者的主张，债权指特定的人（债权人）对另一特定的人（债务人）请求为特定的行为（“给付”，含作为与不作为）的权利。[2]相互保险组织会员身份的取得基于当事人与组织之间的合意，这种合意通过双方签订保险合同的行为得以固化，并随之在组织与会员之间产生一系列的权利义务关系。人们通常

〔1〕［意］彼得罗·彭梵得：《罗马法教科书》，黄风译，中国政法大学出版社 1992 年版，第 283 页。

〔2〕参见陈华彬：《债法总论》，中国法制出版社 2012 年版，第 11 页。

说投保人是公司的“所有者”，这一点毋庸置疑，因为没有其他人可以被归类为相互人寿保险公司的所有者。但司法实践中有的法院认为，相互人寿保险公司的投保人与其公司之间的关系仅是债权人和债务人之间的关系。[1]会员资格的取得使投保人与相互保险组织间建立了类似于债权人与债务人之间的契约关系的关系，在裁定与相互保险相关的诉讼时，面临的挑战是确定会员的所有权权益是否应超越双方关系中的债务人—债权人要素。会员与组织之间债权债务关系的存在使得组织通过管理人员实施的某些活动的性质变得复杂起来，如收取保费（通常是预付的）和管理公司资金。[2]

《德国民法典》第 241 条规定：“基于债之关系，债权人得向债务人请求给付；不作为也得为给付。”会员与相互保险组织之间以签订的合同内容为基础产生债权债务关系，会员固然可因入社取得所有者权利和地位，但同时保险合同也赋予会员作为债权人请求组织提供保险服务的请求权。因此，从这一角度而言，会员权利的享有并不是完全绝对的，无论是保险金的赔付还是其他参与管理类权利的实现，只能由会员向作为相对方的相互保险组织主张，无权向一般不特定人请求给付。我国的传统民法理论将债权

〔1〕 See Buist M.Anderson, *Policyholder Control of a Mutual Life Insurance Company*, 22 Cleveland State Law Review 3(1973).

〔2〕 See Theodore Allegaert, *Derivative Actions by Policyholders on Behalf of Mutual Insurance Companies*, 63 University of Chicago Law Review 345(1996).

作为利益进行保护，认为合同债权并不是第三人的“权利”，而是应当受到法律保护的“利益”，合同债权具有相对性，只能服务于特定的债务人。[1]基于会员和组织之间合同之债的存在，如果保险组织未履行其基于保险合同应负的义务，会员为保障会员权的实现可以基于债权请求权要求保险组织履行合同义务，也可以直接诉请法院保护其正当权益，因此，会员权所具有的债权属性作为其正当权益实现的理论根基是不可否认的。

（三）社员权属性

作为财团法人对称的社团法人是指为实现一定的目的，由一定数目社员的结合为基础而设立的法人，社员基于其在社团中的地位享有社员权，众多学者对社员权作出了不同的界定，如史尚宽先生认为，“社员权者，社团法人之社员对法人所有之权利也”[2]；王利明教授认为，社员权指团体成员依据法律规定和团体章程而享有权利的总称[3]；谢怀栻教授则认为，成员（社员）以其与社团之间的法律关系为基础而对社团享有的各种权利总体称为社员权。[4]由于社团法人本身属于学理上的分类方式，是“私法人”中的一类，公司、合伙、合作社和集体经济组织等组织形式都

〔1〕 参见王利明:《论物权法中物权和债权的区分》，载《法学论坛》2007年第1期。

〔2〕 史尚宽:《民法总论》，台北，正大印书馆1980年版，第19页。

〔3〕 参见王利明:《民法总则研究》，中国人民大学出版社2003年版，第209页。

〔4〕 参见谢怀栻:《论民事权利体系》，载《法学研究》1996年第2期。

属于社团法人的范畴，因此从理论上说只要是加入这些“社团”的主体均享有社员权。社员权基于社员资格或地位产生，具有明显的人身属性，只有具有社员身份者方能享有社员权。[1]

会员在相互保险组织中享有的复合性权利也完全符合王泽鉴教授对社员权的理论解释，“社员权者系指社员对于社团所有权利义务的总称，因其系以社员的资格为基础，故具有身份权的性质，但社员得基于自益权，受领或享受财产权益，故亦具有财产权的性质，故可解为兼具身份权和财产权性质之特殊权利。”[2]因此将会员在组织中享有的权利界定为社员权并无理论上的障碍，虽然我国当前民法体系中未就社团法人进行规定，因而缺乏从立法角度对社员权的明确认可，但社员及社员权理论本身具有的高度包容性可以为诸多类似主体及权利理论提供解释和参考。因此，将相互保险组织会员权这一新型权利纳入社员权范畴可以更好地理解其与其他权利的相异之处，虽然不同的社团法人对应下的具体社员权的内容会有所不同，但这并不影响它们的社员权本质。

（四）综合解释理论

将相互保险组织会员权定性为哪种权利属性决定着对其权利保护的方向和力度，就以上三种权利理论来说，社员权理论是一

---

〔1〕 参见章光圆：《论社员权的概念、性质与立法》，载《宁德师专学报（哲学社会科学版）》2005年第4期。

〔2〕 王泽鉴：《民法总则》，中国政法大学出版社2001年版，第187页。

种包容性非常强的权利解释方式，因此从理论上将会员权划归社员权范围并无争议，但同时由于社团法人的概念囊括了诸多的组织形式，导致将会员权简单地归类于社员权无法彰显会员区别于其他社团社员的独特权利。从我国保险监管部门的态度来看，是将会员作为组织"所有者"和"保险消费者"这两类主体的结合体[1]，具备"所有者"身份的会员在组织中当然享有对组织的所有权，具体体现为参与组织经营管理、对组织进行监督及分享盈余的权利；作为"保险消费者"的会员则基于保险合同的存在取得向组织要求履行合同之债的权利。因此，对会员这一特定主体来说，单独将会员权界定为哪一项权利均无法完全覆盖其权利本质要求，从整体上分析，会员权应当属于社员权范畴；而具体说来，由于会员权本身具有的复合性，当会员在组织中的权利关注点不同时，可以分别展现出会员权的所有权属性或者债权属性，通常情况下其债权属性能够更好地解释会员在资产收益方面的权利，而其他非财产性的权利采用所有权理论解释较为适当。

二、会员权的内容

民法的核心是权利，法律关系仅是权利的展开，权利的内容

[1]《相互保险组织监管试行办法》在第33条规定相互保险组织信息披露义务时提到，"相互保险组织应当建立适合相互保险组织经营特点的信息披露制度，保障会员作为保险消费者和相互保险组织所有者的合法权益"。

既可以来自法律的规定，也可以源于当事人的约定。〔1〕我国目前相互保险组织中会员享有的权利不能局限于《相互保险组织监管试行办法》中的有限规定，而应当依据其在组织中的身份和地位，并参考域外成熟相互保险机构的成员权利界定经验合理扩展和完善。

（一）现有会员权

德国学者拉伦茨指出，某人拥有一项权利的意思是说他依法能够享有什么或者应该享有什么。〔2〕我国保险监管部门对相互保险组织会员目前可以享有的权利在《相互保险组织监管试行办法》中进行了明确规定〔3〕，具体内容如下。

1.表决权

权利产生于利益的稀缺性，权利乃是人们进行利益分配的工具，其作用在于定分止争。〔4〕表决权是相互保险组织会员对组织

---

〔1〕 参见李永军主编：《民事权利体系研究》，中国政法大学出版社 2008 年版，第 49~50 页。

〔2〕 参见［德］卡尔·拉伦茨：《德国民法通论》（上册），王晓晔等译，法律出版社 2003 年版，第 280 页。

〔3〕《相互保险组织监管试行办法》第 15 条规定："相互保险组织会员享有下列权利：（一）参加会员（代表）大会，并享有表决权、选举权、被选举权和参与该组织民主管理的权利；（二）按照章程规定和会员（代表）大会决议分享盈余的权利；（三）按照合同约定享受该组织提供的保险及相关服务的权利；（四）对该组织工作的批评建议权及监督权；（五）查阅组织章程、会员（代表）大会记录、董（理）事会决议、监事会决议、财务会计报告和会计账簿的权利；（六）章程规定的其他权利。"

〔4〕 参见申卫星：《期待权基本理论研究》，中国人民大学出版社 2006 年版，第 27 页。

事务进行表决的权利，不同于主要体现资合性特征的公司制度中按照出资比例或者“一股一票”的表决权机制，人合性较为明显的相互保险组织采取的是“一人一票”这种更为尊重个体会员所有者地位的表决权行使方式。该表决方式无须考虑保单实际金额和价值如何，如果是为团体利益投保的保单，那么整个投保团体被视为“一人”，享有一个共同的投票权。这种通过拒绝与投保人提供资金成比例的投票规则，可以在一定程度上防止相互保险组织会员中产生由资本决定的类似于公司中“大股东”类型的控制权主体，能够更为公平地将表决权在普通会员中进行分配，防止因权利的非正常集中可能导致的对会员正当权利的潜在伤害，更好地实现相互保险组织以会员为服务核心的“非营利”“互助性”经营目标。

有学者在研究公司法的过程中提出，基于集体行动成本考虑，公司的表决权不可能配置给每一个人。理由是公司的管理层虽然掌握较为充分的经营主导性信息，但由于其无须直接承担经营失败的成本，将投票权配置给管理层将诱发滥权营私等高昂的代理成本；而股东作为公司中最后受偿的、最不确定的利益主体，与公司兴衰与共，在此激励之下，他们当可善待投票权。结论就是将投票权配置给股东是最富有效率的制度安排。[1]表决权是相互保险组织会员参与组织管理的核心性权利，该权利的行使可以

〔1〕 参见罗培新：《公司法学研究的法律经济学含义——以公司表决权规则为中心》，载《法学研究》2006年第5期。

体现会员在相互保险组织中的所有者地位，并实现对组织最直接和有效的控制。当然，随着相互保险组织规模的扩大和会员人数日益增多，组织很难直接召开大规模的会员大会，所以在很多相互保险组织内表决权并不是直接由会员行使，而是首先通过会员行使选举权和被选举权选出会员代表，在会员代表大会中由会员代表行使上述权利。

亨利·汉斯曼认为，在企业里拥有表决权的主体一般情况下都是那些最容易受到企业伤害的人，让这一类客户通过行使表决权以对企业施加影响的目的不是主导企业（当然其也很难主导），根本目的在于防止企业从根本上忽视甚至侵占这类主体的利益以及伤害这一类主体中大多数人利益的行为。〔1〕原则上来说，会员对相互保险组织的任何不满均可以通过行使表决权对此时享有组织控制权和经营权的董事和高级管理人员进行替换而实现，也正是迫于会员享有该权利所应当造成的威慑，董事和高级管理人员才会忠实和勤勉地行使其在组织中应尽的义务，正如美国著名公司法学者罗伯特·C.克拉克所言，表决权的制度价值在于当董事及高级职员的行为出现不当时，赋予股东得以对董事及高级职员所拥有的控制权进行剥夺的权利。〔2〕但在实践中，由于各种主观和客

〔1〕 参见［美］亨利·汉斯曼：《企业所有权论》，于静译，中国政法大学出版社2001年版，第421页。

〔2〕 参见［美］罗伯特·C.克拉克：《公司法则》，胡平等译，工商出版社1999年版，第71页。

观因素影响，相互保险组织中的会员行使表决权的积极性并不高，公司股东的表决权行使难题同样出现在相互保险组织治理中，而且会员相比股东在对待表决权的态度上更为冷漠。究其原因，在于公司中的股东能够获得的利益与其资本联系较为紧密，因而可以对股东表决权的行使形成有效激励，而相互保险组织的"非营利性"或"微营利性"经营方式导致组织经营的利益空间有限，会员极少能够获得利润分配，同时由于受保险合同内容限制，会员在组织中投入的保费也不可能无限制增加，因此在合同内容的约束和限制下，其即便积极关注组织经营也无法增加自己在保险理赔时应获得的赔付。因此，作为会员权体系中极易被会员忽视并且被管理者所敌视的基础性权利，如何对会员行使表决权进行保护和激励是相互保险组织经营实践中需要着重研究的课题。

2.知情权

会员的知情权是相互保险组织中会员参与组织经营管理，保障其保险利益和盈余分配的前提和基础。参照我国《公司法》中对股东知情权的规定，相互保险组织会员知情权也应该体现在如下两个方面：一是会员的查阅权，即会员有对组织中与其利益相关的文件进行查阅的权利，如会员（代表）大会会议记录、董事会会议决议、监事会会议决议及财务会计报告等；二是听取报告权，即会员有听取董事、监事报告的权利。[1]会员知情权的实现需要

〔1〕 参见王保树、崔勤之：《中国公司法原理》（第3版），社会科学文献出版社2006年版，第77页。

组织履行与之相对应的义务，鉴于相互保险的发展与互联网技术的广泛使用紧密联系的现状，相互保险组织的经营已经由传统的线下兜售模式转化为线上下单模式，在方便快捷的同时也给组织会员权利的行使造成一定的困扰。通过网络销售参保的会员在行使知情权时不可能再去寻找其所投保的相互保险组织的实体营业地（而且为降低经营成本，通过线上经营的相互保险组织势必会减少其分支机构的设立），进而去查阅、复制相关文件或者听取报告，只能要求组织采用更为灵活的方式满足会员知情权需求，如应会员要求对不涉及组织经营机密的信息向其发送电子文本，或者由组织的董事、监事、高级经营管理提供在线接受会员质询的网络服务等。

总而言之，随着高新科技的发展，仅靠传统的信息披露模式已经很难满足会员在权利实现过程中的多方面需求，在 2017 年原中国保监会发布的《关于加强相互保险组织信息披露有关事项的通知》中，就相互保险组织的信息披露义务进行了强制性规定，依据该规定，相互保险组织在经营过程中应当及时披露与治理、经营管理等密切相关的信息，组织信息披露责任人及其他相关人员违反信息披露要求的，可以对其采取相应的监管强制措施。阳光是最好的防腐剂，鉴于会员在相互保险组织中的弱势地位，即便是董事和经营管理人员采取完全合法的手段来经营组织，会员的权益也可能会受到不利的影响，毕竟实践中难以保证经营过程中的每一项决策都完全立足于会员利益进行考虑。因此在相互保险组织会员的所有权与其控制权日益远离的情况下，完善会员在组织中的知情权行使途径可以有效保障会员对经营者的监督和制约，会员除对章程中规定的会员可以查阅的相关内容享有知情权外，还可以在有正当理由怀疑组织经营管理过程中出现违法情况，会损害组织和会员的合法权益时请求法院选任特殊检查人调查组织中的业务执行情况和财务状况，以弥补会员自身财务专业性不足的缺点。〔1〕

3.盈余分配权

(1)概述

投保人能够从公司投资中同时获得收益是相互保险公司有别于股份制保险公司的独特制度优势。〔2〕因此，盈余分配权是会员在相互保险组织中的合理期待和现实要求，会员在向组织投保的同时能够基于其提交的具有资本金性质的保费获得利润分配。组织中的会员能够获得的盈余分配来自两个方面：一是投保人支付的保险费中超过成本的部分，包括保险公司在其未偿付保单项下的经营管理费用；二是相互保险组织资产的投资收益。〔3〕由于相互保险组织的设立初衷与其他以股东利益为经营核心的

〔1〕 参见段威：《公司治理模式论——以公司所有和公司经营为研究视角》，法律出版社 2007 年版，第 94 页。

〔2〕 See Stephen J. Olsen, *Chuck vs. Goliath: Basis of Stock Received in Demutualization of Mutual Insurance Companies*, 9 Houston Business and Tax Law Journal 341 (2009).

〔3〕 See J. A. C. Hetherington, *Fact v. Fiction: Who Owns Mutual Insurance Companies*, 4 Wisconsin Law Review 267 (1969).

纯营利性股份公司并不相同（我国保险监管部门正是由于相互保险组织不追求股东利润和经营成本低廉的特点，将其视为股份制保险的补充），其投资经营模式与股份制保险公司相比更为保守，对资本的投资组合也偏向低风险的投资类型。因此从理论上来说，相互保险组织向会员分配的盈余只包含向投保人退还其保费中不需要支付实际保险费用的那部分，原因在于相互保险组织经营中的“股息”仅代表对保单保费的调整，而不是股本回报。针对会员对收益和保险保障双方面的需求，相互保险组织的管理层进行资产管理时会在优先服务于保险保障的前提下，再考虑投资收益率能否满足成员的盈余分配要求，无法像股份制保险公司那样在经营中为满足股东利益要求而尽可能地追求利润的最大化。

就相互保险组织所提供的保险服务的性质来说，作为盈余进行分配的是投保人提交的保费中没有用来支付赔付金的那一部分，这些超额保费代表可分配盈余，可按投保人的出资比例分配给投保人，相互保险组织董事会对于是否应以股息形式返还该盈余没有实际选择权，只要盈余的数额足以保证其分配，董事们就不能合法地扣留这部分资金。相比之下股份制保险公司中的保费结余可以在董事会自由裁量下分配，如可以用于公司扩张或将该部分资金留作紧急储备金，但相互保险组织由于受本质上的非营利性限制，在具备相应的依照立法和监管规定建立的储备基金之后，除支付必要的保险赔付外，理论上不再需要用于其他用途的资金(如扩张经营规模)。

为降低相互保险机构的经营风险并切实保障其成员保险利益的实现,国外的相互人寿保险公司直到近些年才开始对股票市场、储蓄贷款机构和意外保险公司进行投资和控制。这些投资行为从经营者和部分投保人的视角考虑是合理的,因为它们最终会为投保人带来利润,但也有投保人会反对将组织资产投资于此类业务,而不是以组织盈余的形式将资产返还给他们,毕竟相互保险机构中的投保人并不是一个完全固定不变的群体,当长期的投资回报最终实现时,被扣缴红利的投保人可能已不再是能够获利的投保人。因此,相互保险组织基于规模化发展目标驱动下的扩张经营与其彰显"互助协作"的直接服务于会员的本质目的之间会形成冲突,由投保人对保险组织进行直接控制是基于小型的本地化保险机构而设计的,只有在不超出一定控制范围内的所有人控制才能体现其制度及操作上的优势,但目前相互保险机构的增长规模远远超过了会员所有权能够直接控制的范围,此时强调所有人对企业的控制是无效的。〔1〕在有限的资源分配下,相互保险组织会员盈余分配权的实现与组织的长期发展目标之间如何平衡,成为组织经营者面临的难题,从表面上看似乎只需在短期利益和长期利益之间进行抉择,但深层意义上却是会员利益与所谓

〔1〕 See Gary P. Kreider, *Who Owns the Mutuals-Proposals for Reform of Membership Rights in Mutual Insurance and Banking Companies*, 41 University of Cincinnati Law Review 321(1972).

的组织利益之间的博弈，实践中往往是以牺牲会员正当权利的代价堂而皇之地维护组织的“发展”。需要分辨的是组织的“发展”究竟是会员还是组织控制者的需求，组织“发展”的后果是否符合会员的预期及对会员权的保障，这些问题在现实中很容易被刻意忽略。在相互保险公司经营实践中，投保人既不能控制组织中可合法累计的盈余部分，也不能对其提出法律上可强制执行的要求，并且相互保险组织成员的参与权和利润份额的实现极易受到董事会的影响（特别是在组织清算和去相互化过程中），因此必须采取有效措施限制董事会过度的自由裁量权，以防止其对组织成员正当权益的侵害。〔1〕

（2）盈余分配方式和规则

由于没有股东分红压力，相互保险公司的盈余应当由其会员共享，当然具体实践中也可以部分保留用作公司财产，作为公司的公积金或者准备金。〔2〕依照《德国保险监管法》的规定，成员有权参与相互保险公司的组织机构经营并接受盈余分配，同时在发生保险事件时获得保险赔付。〔3〕美国各州均要求相互人寿保险公司每年分摊和分配股息。为保证我国相互保险组织中会员盈余分

〔1〕 See Bradley Crawford, *The Nature, Source and Extent of Participation Rights in Mutual Insurance Companies*, 25 Canadian Business Law Journal 198 (1995).

〔2〕 参见刘素春:《中国农业保险组织形式研究》，武汉大学 2010 年博士学位论文，第 98 页。

〔3〕 参见石东洋、袁冰:《相互保险公司法律制度运行现状比较研究》，载《安徽警官职业学院学报》2014 年第 2 期。

配权的实现，原中国保监会《关于加强相互保险组织信息披露有关事项的通知》中要求相互保险组织应当及时披露组织的盈余分配方案，涉及盈余分配原则、方法及与分配相关的其他内容均属于披露范围。基于相互保险制度本质属性的影响，相互保险组织的盈余分配方案相对股份制保险公司而言更为灵活，国外相互保险公司的投保人主要通过在其保单上支付的股息分享企业的“利润”，但股息通常不以现金支付，而是用于下次保费的折抵。另外还有一些公司会采取“提前从保费中扣除”的方式，这样投保人就看不到任何看起来像股息的东西，当然很多盈余得不到返还也可能是因为这部分资金被经营者用于了相互保险公司的扩张。[1]

《德国保险监管法》对相互保险公司会员的盈余分配权及分配规则进行了明确规定[2]，我国信美人寿相互保险社在其章程中规定该社可以采取的盈余分配方式包括降低保费或抵扣后续保费、增加保额、以现金方式进行分配或者其他董事会及会员代表大会认可的方式。同时该社章程第 229 条规定：“本社盈余分配政策为：以每一张享有本社盈余分配权的保单为分配单位，根据该保单对本社盈余所产生的贡献占所有享有本社盈余分配权的保

〔1〕 See J. A. C. Hetherington, *Fact v. Fiction*: *Who Owns Mutual Insurance Companies*, 4 Wisconsin Law Review 432 (1969).

〔2〕《德国保险监管法》第 38 条规定：“(1)在资产负债表上的盈余，依据公司章程，不须转为责任准备金或其他准备金或为保险理赔金支出或保留至下一营业年度的额度内的，则须分配给依公司章程规定的成员；(2)公司章程中应明确盈余分配的原则，及盈余分配的对象是否仅限于在该营业年度终了时仍具成员身份者或亦包括曾具有成员身份者；(3)盈余分配金仅能在设立费用已清偿后始得为之。”

单对本社盈余所产生的贡献的比例，将本社盈余分配方案所确定的可分配盈余分配至该保单。每一张享有本社盈余分配权的保单对本社盈余所产生的贡献依据精算方法确定”。

从本质上说，相互保险组织中可供分配的盈余并不是利润，而是在收取会员保费后，在为会员服务的过程中向会员多收取的费用及少支付的款项综合产生的费用，因此组织中的盈余分配应当按照产生的来源、途径进行。相互保险公司的经营盈余可以作为盈余公积金或准备金充实保险基金，也可以分配给会员——在寿险公司，一般是以长期寿险保单分红方式分给会员；在产险公司，一般是对连续多年投保的会员进行分红，红利部分来自多收的保费，部分来自投资收益。[1]实践中相互保险组织剩余收益的确定和分配极易引发新的内部冲突，与股份制公司中按照股票持有量进行等额分配的简单方式不同，相互保险组织会员持有的保单金额各不相同，其所面临的风险也是多种多样，不同保单持有人以何种比例分配该剩余利益成为组织经营者面临的难题。相对而言，经营财产保险的相互保险组织在盈余分配上的困扰更大，风险的等级不同导致利益的折算更为繁复，因此无论是从理论上还是实践中都很难解决财产保险中不同保单持有人应享有的公司经营剩余利益分配问题。也正是基于此原因，域外以财产保险为

〔1〕 参见庹国柱、朱俊生：《对相互保险公司的制度分析——基于对阳光农业相互保险公司的调研》，载《经济与管理研究》2008年第5期。

主要经营项目的相互保险公司较少。[1]

4.选举权与被选举权

如学者所言，相互保险公司的投保人拥有四项基本权利：一是在公司转制为股份制保险公司或者解散时享有对价补偿权；二是在公司无相反规定的情况下转让会员身份的权利；三是“利润”或“盈余”的取得权；四是选择公司董事的权利。在这四项权利中，最后一项权利尤为关键，该权利的行使证明投保人在相互保险公司事务上的管理权。[2]相互保险组织会员享有的选举权与被选举权是其参与组织经营较为重要的一项权利，对会员而言，能否选出代表其利益的会员代表是影响其权益实现的关键因素。我国《相互保险组织监管试行办法》对所有会员在该项权利的享有和实现上未进行区分和限制。也就是说，相互保险组织中的所有会员均应当享有同等的选举权与被选举权，但实践中会员此项权利的实现会受到一定条件的约束。例如，汇友财产相互保险社章程第 37 条中即要求：“会员按照本章程规定行使提名、选举会员代表或被选举为会员代表权利的，应满足以下条件：(一)应具有合格的会员身份；(二)会员行使提名、选举权时应连续三个月以上持有本社保单；(三)会员被提名为会员代表候选人

〔1〕 参见缴文超、陈雯：《国内首篇“相互保险”专题报告：行在当代的原始互助》，载新疆保险网 2015 年 9 月 9 日，http://www.xjbxw.org.cn/Article_Show.asp?ArticleID=25240。

〔2〕 See Douglas P. Long, *Governance of Mutual Insurance Companies: A Call for Reform*, 29 Drake Law Review 435 (1979).

时应连续一年以上持有本社保单。”之所以如此规定，在于受经营产品影响，组织中会员会在一定范围内具有流动性和不稳定性（特别是财产类保险），规定会员在享有选举权与被选举权上受入社时间限制，是考虑到只有与组织保持一定时期内稳定保险关系的会员才可能对组织经营充分了解，更能够有针对性地行使该项权利。

相互保险组织中对董事等组织控制者的选择方式直接决定了组织所持的利益立场，无法代表会员意愿的组织控制者意味着会员所有权与其控制权之间的“渐行渐远”，而这种情形的形成由主观和客观双方面的原因造成。会员主动放弃或放任选举权和被选举权属于主观方面原因，而组织通过章程或其他规定对会员的该项权利进行限缩或刻意忽视是客观方面的原因。当然，由于相互保险组织中会员人数众多，实践中确实无法保证每一个会员都能参与到组织经营中去，如果每一位会员均积极要求行使其选举权和被选举权，会给组织经营带来不小的困扰和压力，因此对会员选举与被选举权进行适当的限制可以有效地提高组织的经营效率。相互保险组织会员选举权的行使通常采取的是“一人一票”的投票方式，原则上每个会员的选举权都应当受到尊重，但实践中为结合个体意见形成多数意见，会要求会员在达到一定人数要求后方能行使选举权。例如，根据《美国纽约州保险法》的规定，25 名及以上的投保人可在选举前至少 5~8 个月，要求保险公司提供持有 1000 美元或以上人寿保险单的所有投保人的姓名和最后已知地址的清单，以便会员之间能够相互联系，提前就提案意见进行沟通；根据《美国威斯康星州保险法》的规定，拥有 20,000 名及以上投保人的人寿保险公司，需要 500 名投保人方可提名反对管理层的候选人，而拥有不到 20,000 名投保人的公司则需要 100 名投保人签名。[1]

5.提案权

股东的提案权指的是股东向股东大会提出议题或议案的权利[2]，从实现方式及关联来看，股东提案权与表决权密切相关，属于股东在公司中享有的共益权之一。《相互保险组织监管试行办法》中并未明确规定我国相互保险组织会员的提案权，仅就会员在组织中的批评建议权进行了规定，但毫无疑问该权利的行使可以通过会员向组织提交提案实现。在相互保险组织中，提案权作为会员在组织中行使所有权的重要方式，也是会员表达自我意愿的有效途径。由于相互保险组织一般会员人数众多，所以在通常情况下，会员在组织中行使提案权的要求与上述选举权与被选举权的要求一致，同样需要由一定人数的会员达成一致意见后

〔1〕 See J. A. C. Hetherington, *Fact v. Fiction*: *Who Owns Mutual Insurance Companies*, 4 Wisconsin Law Review 523(1969).

〔2〕 我国《公司法》第 115 条第 2 款规定："单独或者合计持有公司百分之一以上股份的股东，可以在股东会会议召开十日前提出临时提案并书面提交董事会。临时提案应当有明确议题和具体决议事项。董事会应当在收到提案后二日内通知其他股东，并将该临时提案提交股东会审议；但临时提案违反法律、行政法规或者公司章程的规定，或者不属于股东会职权范围的除外。公司不得提高提出临时提案股东的持股比例。"

共同提出，具体可参考日本相互保险公司中社员提案权的相关规定。[1]也有相互保险组织将提案权授权给会员代表行使，毕竟会员代表由会员选出，在某种程度上也可以代表会员的集体意志。众惠财产相互保险社章程第65条中规定的“本社召开会员代表大会，董事会、监事会或者经超过三分之一会员代表书面联名，有权向本社董事会提出提案”即为对会员代表行使提案权的授权性规定。

6.享受保险服务权

为保险产品选择对象提供保障服务是保险制度的首要和基本功能，也是实现保险价值的根本所在，保险的本质功能在于将投保人因风险造成的损失用财产补偿的方式确定，通过保险机构将风险在同类型保险投保人之间分担的方式实现对个体利益的保护。[2]相互保险组织的会员虽然身兼双重身份属性，但是作为投保人，其入会的主要目的还是对保险利益的保障性需求，因此接受由保险组织提供的保险服务是其在组织中最主要也是最基本的权利。会员所享有的其他“股东”性权利从某种程度上说也是为其该项“客户”性权利服务的，作为“客户”的会员在保险合同签订时有权要求相互保险组织说明和告知合同

---

〔1〕《日本保险业法》第39条规定，“连续持有社员权六个月以上、人数达到社员总数千分之一以上或者1000人以上者，享有议题提案权。但至少应在社员大会召开前八周提出”，“社员对社员大会的议题享有议案提案权。但是，该议案不得违反法律或者公司章程；如果该议案未能得到十分之一以上社员同意通过，则三年内不得再提相同议案”。

〔2〕参见叶林、郭丹：《保险本质和功能的法学分析》，载《法学杂志》2012年第8期。

的相关内容，对免责条款予以提醒，并且应当及时签单，还可以要求组织对涉及被保险人信息和保险条款相关协定的内容等履行保密义务。当然，会员的该项权利真正实现还是要在保险合同约定的风险发生后，除非满足责任免除的条件，相互保险组织应当及时根据保险合同内容规定进行赔付并给予保险金。相互保险组织会员虽然具有组织所有者身份，但保险合同作为典型的格式合同并非由会员拟定，为保障会员合同权利的顺利实现，当会员与组织之间出现对保险合同条款理解不一致的情况时，与我国《保险法》对股份制保险公司的要求相同，法院或仲裁机关应当作出有利于被保险人和受益人的解释，即采用不利解释。

（二）其他会员权

相互保险组织中的会员除享有上述《相互保险组织监管试行办法》中规定的一系列权利外，还可以参考其他国家相互保险经营机构主体权利的规定进一步补充和完善相关规定。

1.退出权

依照民商事法律制度中保护契约自由的基本精神，公司中的股东享有退出合作协议和公司商业经营的权利，股东退出可以分为主动退出和被动退出两种形式，具体而言：主动退出主要包括股权转让、异议股东行使股份收买权和申请司法解散三种形式；被动退出主要包括股东因股份被强制注销、公司挤出式合并、被强制排除、岗位股强制转让和股权被强制执行五种形式。[1]

相较于股份制公司股东在对公司经营不满时可以随时选择“用脚投票”的方式转让公司股票来规避风险，相互保险组织会员在类似情况下的退出途径较窄，其退出组织的行为必然伴随着保险合同的解除，须承受财产和权利双方面损失（基于继承退出的情形除外）。《相互保险组织监管试行办法》在第18条中规定了会员资格终止的条件，虽然会员资格终止会导致会员权利的丧失，但从严格意义上说该条不能视为对会员退出权的规定，因此我国相互保险组织中会员的退出权目前尚未有明确的规定。《日本保险业法》在第34条和第35条规定了社员可以通过解除保险关系和章程规定的事由退社，且对相互保险公司享有请求退还其基于在公司中享有的财产性权利所对应费用的权利。

汇友财产相互保险社在其章程第36条中规定，会员退出该社时涉及保险赔偿金赔付、保费退还的，按保险合同的约定执行，且应遵守有关法律法规、监管规定以及该章程的规定，并且会员退出该社的，原则上不再享有盈余分配权。该规定间接证明会员退出权在汇友财产相互保险社中已经得到认可。对我国相互保险组织会员退出权的规制和完善可以参考公司股东退出权的相关理论，会员除因客观条件造成的资格丧失导致其不得不退出组织外，对其在合理期间内提出的主动退出相互保险组织的权利应当

〔1〕 参见王东光：《股东退出法律制度研究》，北京大学出版社2010年版，第13页。

予以尊重，不能仅参照投保人与保险组织解除保险合同的方式由会员完全承担合同解除的后果，在会员退出组织时应合理结算会员已缴纳保费和加入组织期间应得盈余。具体内容设计可参考我国农民专业合作社成员退社权的相关规定，在《相互保险组织监管试行办法》修订或者未来针对相互保险组织的立法中对会员的退出权予以完善。

2.股份索取权

在20世纪中后期，受到股份制保险发展的冲击，各国相互保险公司的经营经历了严峻考验，许多大型的相互保险公司不得不采取“去相互化”的转制方式度过危机。在1987~1997年，英国相互人寿保险公司的市场份额从48%急剧下降到33%；在德国、法国、日本等国家的保险市场，人寿相互保险公司的占有率都下降了4%~5%的份额。〔1〕股份制保险的蓬勃发展，特别是分红式保单的出现，大大增强了股份制保险公司在保险市场的竞争力，并使许多保险公司相信，为了生存，它们必须变得更大，才能利用规模经济达成其发展目标。〔2〕有学者总结，至少有五种力量推动了相互制保险公司重组和转制的趋势：全行业对增加资本和金融灵活性的需求、增强公司结构活力的要求、股票融资的动

〔1〕 参见刘越：《中国相互保险发展研究》，南开大学2006年博士学位论文，第139页。

〔2〕 See Stephen J. Olsen *Chuck vs. Goliath*: *Basis of Stock Received in Demutualization of Mutual Insurance Companies*, 9 Houston Business and Tax Law Journal 372(2009).

力、公司问责制与管理层招聘困境，以及相互保险公司中的税收难题。[1]

1986 年，美国缅因州保险监督机构批准了联邦相互人寿保险公司（Union Mutual Life Insurance Company）根据该州法律申请的向股份制保险公司转制的方案，在转制过程中，该公司付出了向不愿接受公司转制的投保人共支付近 13 亿美元的代价，另外对选择留在转制后公司中的投保人就其之前所持保单超出转制后所持股票的市场价值部分采用现金方式进行了补偿。[2]结合该转制案例，在相互保险公司向股份制保险公司转制的过程中，对于投保人与股东在身份及权利要求上的差异，公司势必应当采取周全的安置及补偿方式，对投保人在转制后股份制保险公司中的权益保护，是相互保险公司顺利转制过程中不可或缺的要件。

如果相互保险公司在有偿付能力的情况下解散、转换为股份制保险公司股票保险人或进行大宗再保险交易，相互保险组织原有的投保人有权获得相应的对价。[3]无论相互保险组织是通过重组、合并还是其他方式完成的去相互化过程，原有的成员身份的转化是不可避免的，与其身份紧密相连的权利要求随之出现，会

〔1〕 See James A. Smallenberger, *Restructuring Mutual Life Insurance Companies: A Practical Guide through the Process*, 49 Drake Law Review 171 (2001).

〔2〕 See Todd S. Anderson, *Tax Law Deduction Disallowed for Distributions to Policyholders of Mutual Life Insurance Company Undergoing Statutory Demutualization*, 32 Suffolk University Law Review 167 (1998).

〔3〕 See Douglas P. Long, *Governance of Mutual Insurance Companies: A Call for Reform*, 29 Drake Law Review 451 (1979).

员的股份索取权即为伴随组织转制行为对其原所有权转变的替代性弥补措施。根据《美国纽约州保险法》的规定，这种情况下原相互保险公司成员的保单可以继续保留，针对成员原有权利中所有权的部分以股票或者现金方式进行补偿，具体方式可以由成员自由选择。选择接受现金的成员很明显不再是相互化后公司的股东，可以通过精算折合其应当获得的公司补偿数额，而选择股票的成员再次成为身兼股东和投保人双重权利的享有者，但其此时的权利与作为相互保险组织成员所享有的双重权利并不相同，此时作为股东的投保人享有的双重权利可以分割行使，股东转卖股票的行为不会影响其保险单的赔偿效力，同时其即便选择与保险公司解除保险合同，仍可基于股票享有利润分配权，两方面权利互不影响。

3.诉讼权

依照我国《民法典》及《公司法》的相关规定，股东在公司中享有范围相当广泛的诉讼权。[1]与之类似，会员作为民事主体，当其在相互保险组织中的正当权利受到侵害时，也可以针对该不法行为向法院提起诉讼。会员诉讼权有效行使的前提是会员知情权的保障，其可以行使的诉讼行为包括以个人名义对自身利益受损提起的直接诉讼和为维护组织利益而提起的派生诉讼。直接诉讼

〔1〕《民法典》第3条规定："民事主体的人身权利、财产权利以及其他合法权益受法律保护，任何组织或者个人不得侵犯。"《公司法》第190条规定："董事、高级管理人员违反法律、行政法规或者公司章程的规定，损害股东利益的，股东可以向人民法院提起诉讼。"

是会员在个体合法权益受到侵害时的首要选择方式，会员可以通过该权利的行使对抗董事或组织的不法行为；会员提起派生诉讼的前提是组织的合法权益遭受侵害而组织怠于提起诉讼，此时会员基于组织利益的考量可以自己的名义对侵害人提起诉讼并追究其法律责任。与上市公司的股东不同，如果管理层对相互保险公司造成损害，保单持有人无法在这种情况下保全自己的利益（其利益无法出售），因此，保单持有人比其他主体更需要派生诉讼行为的保护。〔1〕当然，提起派生诉讼的间接目的也可以说是为了实现个体权益的保障。

就法律部门功能的区分而言，民事实体法以权利的保障作为其法治精神的内在追求，而民事程序法则通过对主体之间非常态权利关系的矫正来实现其权利保护的最终目的。〔2〕在对相互保险组织会员诉讼权进行保护的同时也要防止会员的滥诉，一般情况下，在公司章程及经营实践中会对股东作为原告的适格条件进行限制，同时强制规定在未穷尽公司内部救济的前提下股东不得选择诉讼方式。但针对人数众多且权利结构高度分散的相互保险组织，目前的核心问题是组织对会员权利的漠视和会员对自身权利的放任，并且由于会员诉讼权利行使所需的经济及时间成本压

〔1〕 See Theodore Allegaert, *Derivative Actions by Policyholders on Behalf of Mutual Insurance Companies*, 63 University of Chicago Law Review 497（1996）.

〔2〕 参见王亮：《股东代表诉讼的权利属性阐明——以前置程序重构为中心》，载《学术探索》2015 年第 12 期。

力，众多会员倾向于采取“搭便车”式的权利行使方式并放弃个体诉讼权利的行使。因此，当前相互保险组织经营中会员的滥诉并不是迫切需要关注的问题，反而是如何激励和促进会员通过诉讼方式维护自身和组织的利益，才是能够对组织中以主要发起会员为主的控制者阶层进行有效监督并维持组织良性发展的有效方式。

4.剩余财产分配请求权

剩余财产分配请求权（right to request the distribution of the surplus property）指对于公司在清算后剩余的财产，股东有要求按照出资或者出资比例或者持股比例进行分配的权利。〔1〕剩余财产分配请求权在《公司法》相关规定中属于股东自益权的范畴〔2〕，相互保险组织会员针对组织清算后的剩余财产同样享有分配请求权，该项权利是会员基于“股东”性身份所应当享有的权利。《日本保险业法》第182条规定，清算中的相互保险公司的剩余财产应当在会员之间合理地进行分配，或者采取其他有益于会员的方式处分，原则上分配标准依照公司章程制定，也可以依照会员大会的决议分配。〔3〕会员作为组织的所有者，对组织财产享有所有

〔1〕 参见郑云瑞：《公司法学》，北京大学出版社2016年版，第121页。

〔2〕《公司法》第236条第2款规定：“公司财产在分别支付清算费用、职工的工资、社会保险费用和法定补偿金，缴纳所欠税款，清偿公司债务后的剩余财产，有限责任公司按照股东的出资比例分配，股份有限公司按照股东持有的股份比例分配。”

〔3〕 参见石东洋、袁冰：《相互保险公司法律制度运行现状比较研究》，载《安徽警官职业学院学报》2014年第2期。

权，当然所有权行使时其影响范围可以扩大到组织的全部资产，但剩余财产分配请求权行使时只能以其在组织中缴纳的保费为基础。《美国特拉华州保险法》中也有规定，在相互保险公司清算时，偿还必要费用后的公司剩余资产应当在公司保单持有人之间进行分配，具体分配方式可以以保单分类为基础并按照一定的分配公式对成员应有分配份额进行计算。我国众惠财产相互保险社在其章程第 35 条第 10 项中针对会员享有的“本社终止或者清算时，按照法律法规及本章程规定参加本社剩余财产分配的权利”的规定，以及汇友财产相互保险社在其章程第 245 条中规定的在该组织进行清算时，“会员对剩余财产可以进行分配”的条款，均为对相互保险组织中会员享有的剩余财产请求权的认可。

5.继承权

法律是社会经济生活的反映，确保相应利益的实现是各国立法的根本任务和终极目标。[1]我国有限责任公司和股份有限公司对股东享有的继承权有不同的要求和标准，根据《公司法》的规定，有限责任公司的股东资格原则上可以继承[2]，但继承权的实现要受到其他股东权利行使的影响和约束。其根本原因在于有限责任公司的股东之间具有更为强烈的“人合性”信用基础，《公司

[1] 参见欧阳仁根、陈岷等：《合作社主体法律制度研究》，人民出版社 2008 年版，第 77 页。

[2] 《公司法》第 90 条规定：“自然人股东死亡后，其合法继承人可以继承股东资格；但是，公司章程另有规定的除外。”公司章程“另有规定”的范围仅限于具有人身属性的股东资格，股权所包含的财产性权利不在其列。

法》的该项规定的价值在于尊重股东之间的合意，自然人股东死亡后，应由其他股东决定是否接纳其合法继承人加入公司成为新成员，因此对有限责任公司中的继承权不宜强制性规定，公司章程对其股东拥有的股权继承“另有规定”的，应当“从其规定”。[1]而股权在我国的股份有限公司中主要表现为财产性权利，由于服务于财产目的的权利均具有可替代性，股份有限公司股东的继承人毫无疑问是享有继承权的。在保险合作社中，由于社员身份取得与保险合同没有必然联系，社员因入社而享有的社员身份和权利可以由其合法继承人予以继承，被继承的社员权不仅具有财产权属性，也具有身份权属性。《瑞士债法典》第 847 条第 2 款规定，合作社章程可以规定，社员死亡后其继承人可作为合作社的社员。另外在该条第 3 款补充，合作社章程还可进一步规定，在社员死亡后，如果收到其继承人的书面申请，即认可由其继承人或者继承人之一继续其合作社社员资格（membership）。[2]继承人履行相应的变更手续后，即可以成为合作社的新成员，享有各项权利和义务。

《日本保险业法》中也有关于社员继承权的详细规定[3]，虽然

〔1〕 参见钱玉林：《作为裁判法源的公司章程：立法表达与司法实践》，载《法商研究》2011 年第 1 期。

〔2〕 参见张德峰：《合作社社员权论》，法律出版社 2016 年版，第 152~154 页。

〔3〕 《日本保险业法》第 34 条规定：“……社员死亡或者因合并而消灭时，其继承人继承社员的权利义务。继承人有两人以上的，对保险费之缴纳承担连带责任。继承人有两人以上的，须确定一名代表行使权利。”

我国《相互保险组织监管试行办法》及目前已成立的相互保险组织的章程中均未对会员继承权进行规定，但由于相互保险组织会员身份的取得与保险合同密切相关，其会员身份兼具人身和财产双重属性，与保险公司中的股东及保险合作社社员相类比，会员也应当享有相应的继承权。只是会员继承权的实现应当结合保险合同的类型区别对待：对保险合同涉及以会员死亡为标的的人身保险的，因被继承人的死亡导致保险赔付的开始，此时继承人的继承行为并非本书讨论的内容；除此种情形外的与相互保险组织签订保险合同的会员的继承人均可以向组织提交申请，主张其继承权。

6.转让权

如前文所述，自然人或者法人可以因受让行为取得相互保险组织会员的身份，美国立法及实践中允许会员权或者部分会员权的转让，只要与相互保险公司签订的保险合同中没有禁止性规定，会员可以就其会员资格行使转让权。[1]因此，就我国目前的相互保险组织来说，在不违背组织强制性规定的前提下，会员应当可以通过行使转让权对会员身份及权利进行转让。实践中，由于人身保险不能随意变更被保险人，人身保险中保单的转让仅视为一般民事权利的转移，而且由于人身保险具有投资性质，保单的转让是投资收益最大化的需要，因此会员在行使人身保险转让权

〔1〕 See Douglas P. Long, *Governance of Mutual Insurance Companies: A Call for Reform*, 29 Drake Law Review 429(1979).

时需更为慎重。在财产保险中，投保人仅作为契约相对人存在，合同成立的目的是为被保险人服务，此时如果投保人与被保险人不是同一主体，仅要求被保险人针对保险标的享有保险利益，而投保人除了需要履行保费缴纳义务，并无其他条件要求。[1]就相互保险组织而言，签订财产保险合同的相互保险组织会员享有以保费和保险标的（此时会员既是投保人同时也是被保险人）为基础的转让权，当保险标的转让时，原保险合同中的会员与保险组织之间的保险关系相对消灭，保险标的受让人在符合相应条件的情况下可以成为组织新会员。由于会员转让权的行使涉及保险合同的变更，相当于受让人与保险人在原保险合同的基础上成立了一个新的合同，会员转让权的行使需经过相互保险组织的允许。也就是说，如果要继续保持保险关系，投保人在保险标的转让时，应当向保险人履行通知义务，以便保险人结合具体情况（受让人基本条件及资质、是否具备安全常识及安全措施等）确定是否继续承保。

（三）会员权权利内容的总结与梳理

从以上对相互保险组织会员权的现有及应有内容的列举与分析可见，目前各国会员权的权利结构均较为复杂，除其本身的身份双重性的决定因素外，还与域外相互保险组织形式的频繁历史

〔1〕　参见吴秉范：《论财产保险合同的转让——兼评我国新〈保险法〉第 49 条》，载《山西青年管理干部学院学报》2011 年第 1 期。

更替相关。另外，从总体权利内容来看，会员的“股东”性权利所占比例明显偏多，这种结构性的失衡固然部分原因在于会员在组织中的“客户”性要求通常较为统一，与其他形式的保险机构并无不同，而“股东”性权利的规定更能够从会员拥有的“所有权”角度来吸引保险消费者，但其中更为关键的影响因素是股份制保险公司对相互保险组织经营模式和主体权利结构的潜在渗透，随着国际上相互保险公司经营的逐步商业化，组织会员与公司股东之间的权利要求趋同的情况越发明显。

相互保险组织对会员的权利要求应当保持高度的敏感性，毕竟以会员为服务核心是相互保险组织的特质，不同规模和类型的组织机构对会员有不同的定位，同时也决定了相应的会员权利体系。就我国未来的相互保险组织发展而言，可以根据组织具体的经营方式和规模对会员权利进行细分和层次化。中小规模的相互保险组织能够在经营中体现更为强烈的“人合性”，会员在该类组织中的主观能动性更强，能够有更多的机会参与对组织的管理和监督，因此其对“股东”性权利的要求更为强烈和迫切，这种情况下应对会员管理参与类权利的规定有所侧重；而大型的相互保险公司则更为体现“资合性”特征，虽然这种特性与股份制保险公司还是有所不同，但此时会员更倾向于被视为组织“客户”，会员的参与管理类权利必然会受到相应的限制，这种情况下会员对“客户”性权利的要求相对而言就处于主要地位，此时除对会员权的区别性规定外，还要强调组织管理层与会员权实现相对应义务的履行。因此不同的相互保险组织会员权利框架设计不应当是完全一致的，而应结合该机构实际经营情况对不同的组织形式结合其发展目标及要求设计更适宜其发展的主体权利体系，我国目前的相互保险组织会员权利体系还有很大的进步空间。

第三章

相互保险组织会员权域外考察与借鉴

经历过漫长发展周期的相互保险制度成为融合传统行会精神和现代商业保险理念的复合体，它在国外的发展是自下而上的，贯穿保险行业的整个发展过程。早期的相互制保险是在中世纪的互助救济协会的基础上发展起来的，直至经济发展至一定阶段后，才开始尝试运用现代保险精算技术来合理确定保费水平，然后通过实践积累发展至当前的具备科学性的精密体系。相互保险制度在发展初期主要依靠其成员之间的信任关系维系，通过以往惯例或者组织内部章程约定来确定成员与组织之间的保险关系，并在双方之间形成具有约束性并体现互助特色的“类保险”式法律关系，基本不需要通过法律的强制性作用力进行外在约束。后期随着带有封建束缚特征的行会日益衰弱，以其为基础发展演化而来的相互保险制度开始受到日益成熟强大的商业保险制度的影响，逐渐走向与商业保险趋同的历史发展进程。相互制保险从基于风险同质的主体因分散风险的诉求自发结成的互助共同体到完全的体系化、规模化发展，经历了漫长的演变过程，至 20 世纪中叶，很多国家都已从法律层面对相互制保险予以确认，其中较为典型的国家如德国和日本，均在其相关保险立法中留出了特定章节对相互保险机构及相关制度进行规范。[1]

一、美国相互保险公司成员权规定

(一)美国部分州对相互保险公司成员权的规定

美国的相互保险制度发展较早,其国内的相互保险组织主要包括两种形式——相互保险公司(mutual insurance company)和以交互保险社(reciprocal insurance exchange)为代表的其他类型保险机构。无论采取哪种形式构建的相互保险机构,其成员在缴纳保费后即与机构之间成立保险合同关系,能够取得基于"客户"身份应享有的保险金请求权和基于"股东"身份应享有的经营参与权和盈余分享权。

根据《美国纽约州保险法》第1211条的规定,除非在特殊情况下,该州相互保险公司的每个保单持有人都应是公司的成员,公司对其成员也没有一般性的资质要求规定。《美国纽约州保险法》对州内相互保险公司成员的权利规定主要为成员在成员大会上的表决权及分得公司盈余的权利,这两项权利是成员在相互保险公司中的核心性权利,充分为其在公司的所有者地位进行服务。就表决权方面的规定而言,该州赋予每一个公司成员在公司

[1] 参见顾长河:《大力推动中国相互保险发展以深化多层次金融改革》,载《云南社会科学》2017年第6期。

的定期或者特别会议上投票表决的权利，而且每一个公司成员均有权根据议事程序得到通知。另外，在《美国纽约州保险法》第4116条还特别规定，在相互财产（或意外）保险公司中，任何其所持保单在选举日有效的成员均应至少享有一票表决权，且任何成员不应享有多于10票的表决权。[1]总体而言，纽约州的相关立法对相互保险组织成员的规制较为宽松，其成员除与公司之间有保险关系的存在外，其他各项权利的规定与股份制保险公司股东并无明显不同。

美国马萨诸塞州对相互保险公司的投保人规制得较为详细，根据《美国马萨诸塞州保险法》对成员表决权的规定，不同相互保险公司中成员表决权的行使方式并不相同，一般情况下遵循“一人一票”的基本原则，但对于人身保险中的保险金额较高的保险类别，如生存保险，投保人可以在其享有表决权的基础上，依照一定的基数规定超出金额可以享有额外的投票表决权。[2]例如，《美国马萨诸塞州保险法》第94条规定，在相互人寿保险公司中，除法律另有规定外，公司签发的任何人寿或两全保险单的被保险人、年金合约或纯粹的两全合约的持有人，均为公司的成员且享有一票投票权，并且，除变额人寿保单、变额养老保单以外，每超

〔1〕 参见梁涛主编：《相互保险组织运作及风险管理研究》，中国金融出版社2017年版，第76页。

〔2〕 参见方国春：《中国相互制保险公司治理的法律规制——基于公司治理主体权利视角》，法律出版社2016年版，第97页。

出5000美元就多享有一票；如果是年金合同，则除变额年金保险合同外，每超出150美元就多享有一票，除法律另有规定外，这类公司签发的意外险与责任险的被保险人同样是公司成员，也享有一票投票权。[1]而且依照马萨诸塞州的法律规定，保证资本持有人（相当于我国相互保险组织中的主要发起会员）也具有表决权，并且其表决权与公司法中对股东表决权的规定相一致。[2]除此之外，马萨诸塞州还规定了相互保险公司转制时其成员选择股权或现金补偿的权利、退出公司权、召集临时成员大会权和个人信息受保护权等。[3]保单持有人可以选择亲自出席或者委托代理人出席会员大会现场进行投票，也可以在会议召开前进行投票，但是要在规定时间内将投票结果寄送到公司进行登记。

美国各州对保单持有人参与公司盈余分配权的规定有所不同：纽约州对相互保险组织成员基于保险合同规定的盈余分配权的规定较为宽泛，仅将盈余的具体数额授权给不同公司的章程或其他有效文件；而特拉华州则规定了当公司的盈余基金达到或超过相应数额时，公司成员可以随时要求红利分配，当然分配时需要兼顾不同的保险类别之间的差异。同时，特拉华州在

〔1〕 参见梁涛主编：《相互保险组织运作及风险管理研究》，中国金融出版社2017年版，第143页。

〔2〕 参见陈辉：《相互保险——定义保险新方式》，中国经济出版社2019年版，第324页。

〔3〕 参见方国春：《中国相互制保险公司治理的法律规制——基于公司治理主体权利视角》，法律出版社2016年版，第103页。

公司清算时的剩余财产分配权问题上，要求相互保险公司在支付清算费用和相应债务后，应当将剩余资产在其保单持有人之间进行分配（保单期限至少为1年以上）。另外，由于美国的相互制保险公司与股份制保险公司之间的转制方式较为频繁和灵活，不同组织形式转制过程中公司成员权利的实现方式并不统一，但各州总体上对会员正当权益在此过程中的保护态度是明确的。[1]

（二）评价与借鉴

美国在20世纪前30年至少有15家股份制寿险公司转变为相互寿险公司，但20世纪后期相互制保险公司的去相互化转变也表现得最为激烈和明显，截至1999年，美国原有的1400多家人寿保险公司中，只有106家是相互人寿保险公司。[2]可以这样说，美国相互保险与股份保险之间的转制不但出现最早，其影响波及的范围也最大。因此，股份制和相互制保险的彼此融合在美国体现得更为明显，其有关相互保险公司成员的权利规定也与股份制保险的股东基本相同。从美国这些州对相互保险组织成员权利的规定可以看出，各州对成员权利的规定各有侧重，但即便是

〔1〕 See Stephen J. Olsen, *Chuck vs. Goliath*: *Basis of Stock Received in Demutualization of Mutual Insurance Companies*, 9 Houston Business and Tax Law Journal 378(2009).

〔2〕 See James A. Smallenberger, *Restructuring Mutual Life Insurance Companies*: *A Practical Guide through the Process,* 49 Drake Law Review 282(2001).

在不同的立法情境下，对相互保险公司成员表决权的保护也是这些州立法的重中之重。究其原因，在于在美国的公司治理中，表决权是股东干预公司事务最为积极有效的手段，通过表决权的行使，公司股东可以控制董事的选任和解任等事项以及公司某些结构的变更，公司法学家们坚信股东可以通过股东会对公司事务享有最终的控制权。〔1〕为更好地保障成员表决权的实现，美国的相关立法规定在相互保险公司中可以适用表决权信托，表决权信托制度可以解决单个成员股份资本比例甚微和个人行使权利力量分散以至于无法对成员大会产生实质性影响的根本性问题，最终实现个体成员利用表决权信托能够向经营管理层传达用其他方法传达不到的声音的作用。〔2〕

美国保险立法中对于表决权行使的相关规定可以为我国相互保险立法和实践所借鉴，我国相互保险组织传统的“一人一票”的表决权制度貌似公平，但实质上难以调动会员权利行使的积极性，在规定的投票权之外根据保费金额对表决权进行再分配可以在调动会员投票积极性的同时促进公司保险产品的销售。我国《农民专业合作社法》中即通过附加表决权制度实现了对表决权的再分配，该制度在吸引高交易额成员的同时也对激

〔1〕 参见张民安：《公司股东的表决权》，载《法学研究》2004 年第 2 期。

〔2〕 参见任海伦、孙晓蔓：《美国股东表决权信托制度对我国的借鉴意义》，载《山东财政学院学报》2007 年第 6 期。

励其成员参加成员大会具有积极性意义。[1]表决权信托制度作为英美法系中独有的权利代行使机制，可以为我国相互保险组织会员权提供新的实现路径参考，会员将表决权授权予特定的信托人（机构）行使，可以相对容易地形成代表会员意志的多数意见，更利于会员权利的保障和实现。美国的商事主体立法总体而言较为灵活，就相互保险公司的规制而言，各州立法貌似各自为政，但实际上秉持的是同样的立法精神——在赋予相互保险公司最大经营自由的前提下谨守对公司成员表决权保障的底线，形成独特的具有美国特色的权利保障特色。美国对相互保险公司的立法中值得我国相互保险组织予以借鉴的还有对保证资本持有人表决权的规定，我国《相互保险组织监管试行办法》中并未对主要发起会员包括表决权在内的经营管理类权利进行具体规定，但实践中又不可能完全将其摒弃于组织经营之外，因此，与其耗费精力对主要发起会员的越权行为进行监督和约束，不如索性对其参与组织管理的权利进行明确性规定，在与组织会员权的碰撞和融合过程中形成我国特有的相互保险组织权利体系。

〔1〕 我国《农民专业合作社法》第 22 条第 2 款规定："出资额或者与本社交易量（额）较大的成员按照章程规定，可以享有附加表决权。本社的附加表决权总票数，不得超过本社成员基本表决权总票数的百分之二十。享有附加表决权的成员及其享有的附加表决权数，应当在每次成员大会召开时告知出席会议的全体成员。"

二、英国相互保险组织会员权规定与借鉴

英国作为相互保险制度公司化最早的国家，在相互保险制度设计和经营的模式上一直居于领先地位，早在1756年就已经成立了专营相互保险的英国公平保险公司。相比其他国家而言，英国政府对相互制保险的发展采取了开放式态度，实践中允许相互保险机构采取多种方式吸纳资金创新式发展。因此，虽然全球范围内相互制保险的发展整体呈现滑落趋势，但即便是在2008年的国际金融危机中，英国的相互保险公司也并未遭受明显的冲击，仍处于稳定发展状态，尤其是在寿险和养老金市场上起着重要作用，占有很大的市场份额。

（一）英国对相互保险机构会员权利的规定

在英国的保险市场上，相互保险机构大致可以包括两类：第一类是以公司形式运营的相互保险公司（mutual insurance companies）；第二类是依据《英国1992年互助社法案》设立的保险互助社。[1]根据英国税务海关总署的界定，只要是不存在股东且以相互基础为运营模式并且最终由保单持有人分享组织盈余的

〔1〕 自1993年起英国所有新成立的互助社必须以公司化（incorporated）的互助社形式进行登记设立。参见梁涛主编：《相互保险组织运作及风险管理研究》，中国金融出版社2017年版，第276页。

保险机构均可称为相互保险组织。

无论是英国的相互保险公司还是保险互助社，均由其投保人所有，保险机构不对外发行股票，同时在机构中享有所有权的只限于某种类型的投保人。[1]英国相互保险组织会员享有的参与组织管理类的权利通常具有时效限制。例如，伦敦皇家集团公司（The Royal London Mutual Insurance Society Limited）规定其会员只有在投保后满12个月才有权利参与会员大会并具有投票权。成为相互保险组织会员可以通过两种方式：第一种是通过投保行为向组织购买保险产品，成为传统会员；第二种是依照英国政府在2015年通过的《英国相互保险组织递延股份法》的规定，因持有组织为了扩张目的而发行的递延股份加入组织，成为非传统会员。传统会员拥有的权利可以归纳如下：首先，是账簿记录检查权，任何成员或其他个人，均可以在适当的时间，在相互保险公司的注册办事机构场所或记录存放的其他地方，依据其享有的知情权检查公司的相关经营记录；其次，是决议投票权，英国相互保险公司的惯有投票规则仍然是"一人一票"制（one member, one vote），与会员持有的保单具体金额无关；最后，是特定事项投票权，除会议主席的选举与会议延期的决定外，会员有权在组织会议上对特定事项要求投票。除此之外，传统会员还享有分享组织收益权等权利，具体可由公司章程及管理规则授予。英国的许多

〔1〕 参见本书译编委员会译编：《各国保险法规制度译编》，中国金融出版社2000年版，第141页。

相互保险公司是依照英国国会制定的特别法令建立的，其经营业务的地域和类型也要受到这些法令的限制，如很多情况下保险公司的营业范围受到限制，只能经营寿险和养老保险等。英国的相互保险公司除可以承保非营利性的年金和定期人寿保险外，还可以承保单位连锁业务（unit linked business）即投资型保险，当然，从这类业务中获得的任何利润以及投资收益都要在享有分红权的投保人之间进行分配。[1]

随着经济的全球化发展，为了能够在与其他商业保险的激烈行业竞争中生存，相互保险组织需要像其他组织形态一样进行规模化发展。为提高市场竞争力，股份制保险公司可以通过发行新的股票充实资本金，但是对于相互保险组织而言，其经营形式决定了资本金的额外筹集是其摆脱经营困境过程中所面临的巨大挑战。在此前提下，英国的相互保险行业为了扩大服务范围并筹集规模化发展所需的充足资本金，对相互保险组织所服务的会员范围进行了扩展。具体实施方式是组织除了为传统会员提供保险服务外，还可以通过发行《英国相互保险组织递延股份法》中规定的新型融资工具——递延股份的方式引入非传统会员，并向这些会员提供相应服务，以改善日益严峻的相互保险组织融资困难的现状。该法案将适用对象限于相互保险公司（mutual insurers）与互助社（friendly societies），这些保险机构均可以在主体营业之外

〔1〕 参见本书译编委员会译编：《各国保险法规制度译编》，中国金融出版社 2000 年版，第 141 页。

发行递延股份，递延股份的持有人将成为相互保险组织的非传统成员。这些非传统会员无论所持递延股份的面值为多少，都只能享有一个投票权，并且持有递延股份的会员享有的投票权与传统会员的投票权的权限也不尽相同，例如，在涉及互助社合并、业务转让和转换等特殊情形时，非传统会员会受到更多的限制（不允许投票）；另外，如果是传统会员同时持有递延股份，也并不会因此拥有额外的投票权。〔1〕《英国相互保险组织递延股份法》中还要求，拥有递延股份的会员在组织中的投资会处于“锁定”状态，只有在相互保险组织解散后才能收回投资，但在组织存续期间其可以行使转让权。

（二）评价与借鉴

英国的相互保险会员权利结构相对其他国家而言具有自己的制度特色，作为相互保险发展历史较为悠久的国家，其对各种相互保险组织形式中的会员权利的规定也较为全面，在《英国2006年公司法》和《英国1992年互助社法案》及它们的修正案中也均有体现。众所周知，相互保险组织与股份制保险公司相比的一大劣势是无法通过发行股票解决组织的规模发展问题，融资困难一直是相互制保险发展过程中无法克服的障碍，很多相互保险公司不得不采取转制为股份制保险公司的方式解决这一难题。《英国

〔1〕 参见梁涛主编：《相互保险组织运作及风险管理研究》，中国金融出版社2017年版，第281页。

相互保险组织递延股份法》是英国议会通过授权其国内相互保险机构通过新的方式筹集资金，在保留相互制保险形式的同时解决融资难题的新方案。持有递延股份的非传统会员在组织中的权利虽然受到限制并且与传统会员的权利并不相同，但由于相互保险经营的总体风险性低于股份制保险公司，其投资回报上的稳定性与安全性还是会吸引厌恶股市风险的特定人群加入。另外，英国的相互保险组织除经营会员业务外还为非会员提供服务，相互保险组织董事会依据业务经营模式对会员资格产品与非会员资格产品进行区分，其根本目的在于增加组织收入，因此并不会影响组织的相互性质，例如，英国以汽车保险保单为代表的消费型保单的持有人通常而言并非组织会员，虽然这些保单同样由相互保险组织签发。非会员也需要与相互保险组织签订保险合同，但其除享有组织提供保险服务的权利外，无法如传统会员一样享有投票权、分享盈余权等权利，也与非传统会员靠持有股份获得的权利并不相同。

英国相互保险机构中灵活的会员招募方式及权利分配方式是结合实践发展的成功经营经验，具有参考意义。虽然我国目前的相互保险组织的设立以主要发起会员提供的巨额运营资金为基础，暂时还不存在资金难题，但面对保险市场的激烈竞争，相互保险组织很难脱离规模化经营模式，仅靠主要发起会员的初期投入无法从根本上解决融资问题。因此尽早设计出符合我国国情的，能够吸引更多公众加入相互保险组织的多层次会员招募制度，在组织会员这一主体之外兼容其他非传统性会员主体存在，并且构建以此为基础的会员权利区分体系，可以在弥补相互保险制度内在缺陷的同时增强组织的市场竞争力。

三、日本相互保险公司社员权规定与借鉴

日本的相互保险历史悠久，形式多样且自成体系，在国民生活中发挥了不可替代的作用。从 1902 年日本第一家相互保险公司——第一生命保险相互公司设立开始，日本的相互保险组织在全盛时期曾发展到 2 万多家，几乎渗透到日本的各个行业领域。但从 1996 年日本实施大规模金融改革开始，其国内的相互保险公司数量锐减，绝大多数相互保险公司转制为股份制保险公司。虽然总体存续公司数量减少，但相互制保险在日本保险业中仍占据稳固地位，当前日本的相互制保险公司无论是从规模上还是公众接受程度上均领先于日本的股份制保险公司，2023 年《财富》世界 500 强排行榜中的寿险公司中，排名前三的日本生命保险公司、日本明治安田生命保险公司和住友生命保险公司都是相互保险公司，其中排名第 181 位的日本生命保险公司的销售额更是远超其他日本保险公司。日本目前采取相互制保险形式经营的保险公司主要集中于寿险、农业保险、渔业保险和职工互助保险领域，特别是在寿险领域，日本相互保险公司实力雄厚、规模巨大，在世界保险市场上起着举足轻重的作用。

(一)《日本保险业法》中对社员权的规定

日本对相互保险公司的规范主要通过《日本保险业法》实现，该法从第18~96条共计79条内容对相互保险公司从设立到转制等各方面的问题进行了规制，相对其他国家的相关立法而言，日本对相互保险公司社员及其权利规定得较为全面和完善。《日本保险业法》对于相互保险公司和股份保险有限公司在监管方面的规定趋向一致，另外，由于相互保险公司独特的经营方式，省去了商业保险所必需的人力成本和广告费，因此相互保险公司的保险产品的保费要远低于股份制保险公司（当然保险金额也相对较低），是日本大多数中低收入家庭的首选。日本的相互保险公司在设立时除要求具备10亿日元以上的设立基金外，还要求设立时的必要成员人数为100人以上，其他在公司成立后加入公司的成员凭有效投保保单成为公司社员。

日本相互保险公司的社员一方面是该社团法人的组成人员，具有社员资格，另一方面由于其向相互保险公司投保、与之签订保险契约并缴付保费而与公司产生保险关系。社员在相互保险公司中的身份同样具有双重性，其权利可分为社员关系上的权利和保险关系上的权利：保险关系上的权利相对简单，可以总结为一项，即社员基于保险合同的约定对保险人（相互保险公司）享有的与索赔相关的权利；社员关系上的权利则较为复杂，主要包括参与保险公司运营和管理的权利、剩余金分配请求权、退出权及退出时的保费返还请求权等。具体而言,《日本保险业法》中社员参与保险公司运营和管理的权利主要体现为第 37~40 条规定的成员表决权(每位社员在社员大会上各拥有一票表决权)、社员大会召集请求权、提案权、社员大会检查员选任请求权,这些权利保障了社员在社员大会中的主体地位的实现。除此之外,社员在公司中还有权接受组织变更为股份有限公司后分配的股份〔1〕,并且当条件满足时享有退社权。〔2〕

日本相互保险公司的投保人有社员与非社员之分,向相互保险公司购买保险产品的主体并不一定能够取得社员地位,公司章程或保单条款中通常会载明成为社员的条件。例如,日本明治安田生命保险公司 2014 年年报中规定,购买该公司保险的人同时成为公司相互成员,但不包含非分红险投保人,该公司的分红险投保人相当于股份保险公司中的股东,是相互保险公司的拥有者。〔3〕在 1996 年《日本保险业法》修订之前,相互保险公司不可以接受非社员保单,即不是其社员就不能加入保险,修法之后,开始允许相互保险公司中存在部分非社员保单。根据目前《日本保险

〔1〕《日本保险业法》第 90 条规定:"相互公司的社员可以决定在组织变更后接受股份公司的股份或金钱。前项所述股份或金钱,必须与社员的寄与份相对应。"(寄与份,是指公司运用社员支付的保险费经营所得的收益中,扣除事业费、支付给社员的保险金和返还金、为保证社员作为投保人的权利而计提入资产的部分之后剩余的金额。)

〔2〕《日本保险业法》第 35 条规定:"退社的社员可以依据保险合同约定或者章程规定,请求退还与其所享有的财产权利相应的金额。但有他人继承其社员权的场合除外。"

〔3〕参见梁涛主编:《相互保险组织运作及风险管理研究》,中国金融出版社 2017 年版,第 334 页。

业法》的规定，相互保险公司在接收非社员保单时，必须将其保单及财务会计与社员保单分开，而且社员身份也并非必然经由投保行为取得，例如，日本的相互保险公司认可其发起人的社员资格，无论其是否与公司签订保险合同。相互保险公司的社员在其缴纳的保费范围内对公司债务承担有限责任，当社员死亡或者因其他原因导致其会员资格消灭时，其继承人可以继承原社员在社员关系基础上享有的权利与义务。

（二）评价与借鉴

相互保险制度在日本的发展历程较为复杂，历经合并、转制和破产等各种波折的日本相互保险业可以为我国相互保险组织的经营和发展带来很多启发。特别是《日本保险业法》中设置的与投保人权利相关的条款，从各方面肯定和保障了社员在组织中的核心地位，针对相互保险公司社员所享有的权利，日本保险立法的独特之处在于除全面系统地对社员享有的权利进行规定外，还在立法中针对会员在各种程序中权利的实现方式和要求进行细化。[1]这些具体规定为会员在相应程序中权利的实现提供了立法上的保障，是会员权真正落实的制度性依据。另外，为切实保障公司投保人（包括社

〔1〕 例如，对于组织变更过程规定了“相互公司的投保人以及其他债权人，有权就组织变更提出异议”（《日本保险业法》第 88 条）；对于清算过程规定了“连续持有社员权六个月以上、人数达到三千名或社员总数的千分之三者，若有重要事由，可申请法院解任清算人”。（《日本保险业法》第 180 条）

员和非社员)的利益,日本的相互保险公司中均设立投保人恳谈会制度,各地每年召开的投保人恳谈会的内容为向公司投保人汇报公司近期经营情况(包括公司的年度投资收益、分红等情况),同时对保单持有人针对公司经营情况和管理方式、投资方向等提出的问题和建议进行解答和记录。将投保人恳谈会上汇集的投保人意见及建议整理后经由总代会结合实际情况作出决议,最终通过总代恳谈会将具有代表性的决议提交公司执行层。通过这种由下至上的层级递送方式实现保单持有人自主经营公司的运行模式。[1]

在我国的相互保险组织中,由于会员人数众多,会员权的实现只能依靠会员代表职责的正当履行,因此能够选出代表会员利益的会员代表是会员权利实现的重要途径。就我国目前几家相互保险组织的相关规定来看,其会员代表的选择方式在切实体现和尊重会员的真实需求与意愿方面仍有待完善。日本相互保险公司的社员代表由代表人提名委员会从社员中选出,在选拔社员代表候选人时,选拔委员会综合考虑参选社员的职业、能力、年龄等因素,并结合各地区的社员人数所占的比例,推荐那些能够代表社员利益并且不偏向特定社员的社员成为会员代表候选人。此外,选拔委员会还会每年在公司分支机构中召开的投保人恳谈会上征求成员对经营的意见,然后从参加投保人恳谈会的社员中选拔一

〔1〕 参见孙立娟、李莹蕾:《日本相互保险公司的发展演变及其原因分析》,载《现代日本经济》2013年第2期。

定人数的社员代表候选人。[1]相较于我国目前相互保险组织中采取的固定化标准模式，日本相互保险公司中采取会员代表的选拔方式。毕竟会员代表作为会员权利要求的代言人，只需要具备能够代表相应群体的适当的表达能力即可，除此之外的其他条件限制和要求并无法体现更多的实际意义。

〔1〕 参见梁涛主编:《相互保险组织运作及风险管理研究》，中国金融出版社 2017 年版，第 338 页。

第四章

中国相互保险组织会员权实现困境

无论立法机关及监管机关对相互保险组织中会员权的规定如何完善，会员权的顺利实现才是与组织会员密切相关的现实问题。相互保险制度发展较为成熟的国家就会员在组织中权利的实现途径均有相对系统的规定，即便有些国家在保险立法中缺乏直接的相关内容，也会从间接方面要求各相互保险组织在章程中进一步完善规定。就理论意义而言，对会员权的制度性规定从来不是难题，只有结合具体实践才会发现，会员享有的权利和权利的真正实现之间还有不少的障碍需要跨越。

一、会员权实现障碍

（一）会员身份弱势对会员权实现的影响

1.会员在信息获取上的劣势

与相互保险组织中享有控制权的主体相比，会员在保险合同签订后至提出索赔申请前，因主观和客观因素的共同作用，其从地位上来看明显处于组织的权力核心外围，缺乏或延迟获得可能与组织经营紧密相关的有效信息，最终导致会员在与组织其他主体之间的博弈中明显处于弱势地位。根据我国保险监管部门的规定，相互保险组织由主要发起会员负责筹集资金发起设立，这意味着在组织开始正式运营并招募会员之前，组织的董事会、监事会等权力机构甚至首批会员代表已经就位，组织成立后通过签订保险合同入社的会员在这一时期只能以“客户”这样的外来者身份对组织进行监督。以 2017 年成立的信美人寿相互保险社为例，其主要发起会员为浙江蚂蚁小微金融服务集团股份有限公司、天弘基金管理有限公司、国金鼎兴投资有限公司、成都佳辰投资管理有限公司、汤臣倍健股份有限公司、深圳市腾邦国际商业服务集团股份有限公司、深圳市新国都股份有限公司、北京远望创业投资有限公司、北京创联中人技术服务有限公司，这 9 家公司均为已在我国运营多年且具备雄厚资金基础及丰富经营经验的大中型企业，它们作为主要发起会员，凭借其因设立行为而获得的便利条件，可以轻而易举地在组织内占据控制性地位，与仅因购买保险产品需求而加入组织的会员相比，地位孰优孰劣不言而喻。

以主要发起会员为代表的控制者群体对组织中各项控制性权利的行使虽未经《相互保险组织监管试行办法》明确授予，但作为其发起设立相互保险组织的主要目的之一，主要发起会员控制性权利的行使完全可以通过对董事会和监事会等组织核心管理机关的掌控来实现。当然，在《相互保险组织监管试行办法》中规定，会员享有表决权、选举权和被选举权等名义上可以对组织中的董事、监事、会员代表等人员进行选择的权利，但这些权利的实现方式和途径对普通会员来说具有相当大的难度。从民法基础理论来说，在一个社会中无论权利和义务在不同主体间如何分配，在数量关系上，权利和义务总是等值或等额的，但信息上的不对称使得相互保险组织中的管理经营权最终为组织控制者所独享，在别无选择的情况下，会员只能通过这些享有控制权的控制者获知组织的经营信息，这些信息虽然在一定程度上可以反映组织的经营状况，但也可能出现信息披露的延迟、错误甚至伪造（毕竟很多公司发展过程中信息披露的违法违规行为并不鲜见），最终损害会员的切身利益。

2.“一人一票”机制的运行缺陷和资本多数决的惯性影响

现代化的公司治理理念下，基于经营管理行为的专业性和复杂性，所有者无法通过直接参与的方式行使对企业的控制权成为业内常态。从理论上来说，无论是公司的股东还是保险组织的会员，均可以通过“一股一票”或者“一人一票”的表决权行使方式对公司或组织中的董事和高级管理人员的选择间接体现其所有者权限。[1]由于公司本质上的资合性特征，各国公司法均认可股东享有的表决权与其所持的股份数量或出资比例成正比，“一股一票”的表决权行使方式最终使持有多数股份的股东能够直接或者间接地行使对公司的实质性支配权，为控股股东利益的实现提

〔1〕 参见刘素春：《中国农业保险组织形式研究》，武汉大学2010年博士学位论文，第133页。

供了制度上的保障。作为公司发展过程中的一项成熟制度，资本多数决是指在股东会上公司股东按照其所持股份或者出资比例对公司重大事项行使表决权，经代表多数表决权的股东通过形成决议。[1]从该制度的设计本意来说，资本多数决的方式难以在公司内部实现实质意义上的平等，大股东通过其占有的多数资本操纵股东会将个人意志上升为公司意志的行为，导致公司中小股东权利的虚化。为了能够保障不同股东特别是小股东权利的平等实现，各国立法机关在公司法中设计了累积投票制、表决权回避制、派生诉讼及独立董事制度等措施，对资本多数决制度造成的大股东权利滥用进行监督和防范，并通过这些规则的设计对小股东权利的欠缺进行补充和矫正。与股份制保险公司相比，相互保险组织从信用基础上说更凸显人合性特征，同时由于受保险合同限制，相互保险组织会员原则上无法自由选择其在组织中投入资金的数额，为了体现相互保险组织会员的所有者地位和对所有会员的平等保护，各国相互保险立法均主张会员享有的投票权与其保费数额无关，因此一个投保主体享有一个投票权的“一人一票”表决机制成为相互保险的立法惯例（如为法人会员，也仅能作为一个主体享有一个投票权）。从经营效率理论上来讲，投保金额越多的会员势必越关注公司的经营决策问题，其意见也会更具有针对性和实效性，但如果完全按照投保金额的多少决定会员的地

〔1〕 参见郑云瑞：《公司法学》，北京大学出版社2016年版，第367页。

位，则又无法体现相互制组织与股份制公司的本质差别。[1]

就表决机制的施行而言，股份制公司实行的“一股一票”表决制将投票权与剩余索取权捆绑为一体，两者可以起到正向的激励作用，虽然股份制保险公司中存在大股东操纵公司权利忽视小股东权利的情况，但理论上中小股东可以通过选择加持股票增强其在公司中的话语权。“一人一票”表决权机制是相互保险组织会员在组织中平等地位的体现，目的是给每个会员提供平等的表达自我意愿的机会，结合域外相互保险机构的实践发展经验来看，这种机制在传统的小规模经营的相互保险组织或者合作制保险机构中，确实可以将个体成员的意愿汇集成主流意见，最终使经营管理人员依照该意见进行决策，但相互制保险进入规模化发展阶段后，这种表决权行使机制反而丧失了其积极性效用，特别是针对当前相互保险组织采取的网络招募会员方式，人数众多且在地域分布上表现出广泛性，使会员在行使权利时很难凝聚成具有统一性的对抗力量，这种制度设计实际上反而人为地导致会员整体成为“一盘散沙”，因此相互保险组织中采取的“一人一票”表决权机制看似民主，但结合当前经营实践并不能有效地体现经营效率。

主观和客观因素的共同作用决定了为组织提供初始运营资金的主要发起会员成为组织的实际控制者，最起码在组织成立后

〔1〕 参见江生忠编著:《保险企业组织形式研究》，中国财政经济出版社 2008 年版，第 144 页。

的相当长一段时间内，组织中无法产生与之抗衡的约束性力量。以信美人寿相互保险社为例，该社主要发起会员在章程中首先将会员享有的各项非财产权利限缩为只有会员代表才能行使（具体解释原因是该社会员众多），导致会员在该社中能直接享有的非财产性权利只剩下选举会员代表的权利。与此同时，该社在其章程第46条中规定，会员代表候选人的选任可以通过董事会提名和1/10以上的会员共同书面提名两种方式，留给会员的代表提名方式对于人数众多且在地域分布上高度分散的会员来说很难实现。即便如此，对于购买信美人寿保险产品的会员来说，其签订的保险合同中也并未直接规定这项严苛的提名选举的权利，会员只能通过仔细阅读并理解该保险社长达77页的章程后才能对自己享有的权利有初步的了解。除去怠于阅读章程和通过阅读后主动选择放弃其权利行使的会员，期望积极行使非财产性权利的少部分会员也很难找到权利实现的途径。并且从理论上来说，在组织盈余有限的情况下，所有者人数与他们能够获得的个体收益之间成反比关系，在缺乏足够利益激励的情况下，难以激起相互保险组织会员对经营管理者的监督热情，通常情况下会员倾向于选择低成本的“搭便车式”权利行使方式或者干脆放弃对经理人的监督。〔1〕

我国目前的经济和制度环境已经无法允许我国的相互保险组

〔1〕 参见刘素春：《中国农业保险组织形式研究》，武汉大学2010年博士学位论文，第89页。

织如其他国家的相互保险组织那样由个体自发组成互助性群体，再逐步发展壮大至成熟，因此采取直接由主要发起会员发起的速成方式，难免会受到传统公司经营惯性的影响，而且与主要发起会员相比，绝大部分会员并不具备敏锐的商事眼光和经营管理能力，也难以承担组织管理重任。我国目前获批的3家相互保险组织的主要发起会员均为营利性的公司法人[1]，具有成功公司运营经验并对组织投入大量资金的主要发起会员很难将组织的控制权直接分配给会员，更难以完全信任通过会员选择的经营决策人员，毕竟一旦组织经营不善，需要承担初始运营资金及利息损失风险的是主要发起会员，普通会员所受影响相对较小。多种因素共同作用的后果就是会员逐渐远离相互保险组织的权利核心，成为只关心其财产性保险利益的单纯保险“消费者”，而相互保险组织则成为由主要发起会员这类“大股东”控制的披着“相互”外衣的保险公司，“一人一票”制度无法有效实现的后果是使得相互保险组织的经营和决策模式极易演变成变相的“资本多数决”。

（二）组织中权益冲突对会员权实现的压制

相互保险组织会员在其权利实现过程中与其他主体之间的权利冲突不可避免，毕竟同一经营机构内的权利行使空间是有限

〔1〕 除上文中提到过的信美人寿相互保险社之外，众惠财产相互社的主要发起会员为永泰能源股份有限公司（出资23亿元）等10家公司和2名自然人，汇友财产相互保险社的主要发起会员为长安责任保险股份有限公司和潍坊峡山中骏投资管理有限公司2家公司。

的，一旦某一主体超出其法定权利范畴，势必以牺牲其他主体的权利需求为代价。权利冲突的根本原因在于这些相互矛盾或抵触的权利都被置于相同或基本相同的领域，否则分布于各个不同领域的权利也不会发生冲突。[1]由董事们以及首席执行官（chief executive officer，CEO）等各种不同称呼的经理人控制公司的现状已成为现代公司总体经营的趋势，其控制行为涉及公司经营管理的各个方面，对公司的重大事项和经营决策具有不同寻常的影响力。[2]通常情况下，虽然从外观上来看利益需求不同的股东之间的权利要求处于相对稳定状态，一旦利益分配失衡的情况累积至触发点，股东之间的权利冲突经历长时间的酝酿、发酵后，会瞬间演变为激烈对抗。[3]相互保险组织的会员虽然名义上是组织的所有者，但更多情况下其在组织中能够行使和实现的是仅从投保人角度应享有的权利，除了少数例外情况，相互保险组织中行使经营管理权的是在组织中占据控制地位的以主要发起会员为代表的董事和高级管理人员。相互保险组织会员与组织签订合同后享有法律规定及章程赋予的相应权利，组织中的其他主体也有自己的利益诉求，并且由于不同主体对权利的要求并不相同，包含会员在内的主体之间可能因权利的行使时间或空间上的重叠或交叉而发生冲突。对相互保险组织会员而言，其在组织中所处的弱势地

〔1〕 参见赵万一：《民法的伦理分析》（第2版），法律出版社2012年版，第202页。
〔2〕 参见甘培忠：《公司控制权的正当行使》，法律出版社2006年版，第37页。
〔3〕 参见甘培忠：《公司控制权的正当行使》，法律出版社2006年版，第16页。

位往往导致权利冲突的后果是牺牲其相应利益。

1.会员与主要发起会员的权利冲突

现实中的权利冲突表现形式较为复杂，民事主体的实质权利要求通常被掩盖于不同的表象之下，因此彼此间发生权利冲突时很难界定其中的原因和目的，但归根结底无非是在某些利益与价值的实现过程中因意见分歧导致的主体行为差异。[1]相互保险组织主要发起会员在组织设立过程中和成立后控制和主导性地位的存在是多种主观和客观因素共同作用的结果，在公众已经习惯了公司管理过程中的资本多数决制度的环境下，主要发起会员在组织中的长期存在易与会员这一组织所有者产生利益冲突进而侵占弱势会员的利益空间，弱化相互保险组织本身所具有的制度优势。虽然我国保险监管部门将主要发起会员定位为组织的债权人，但组织发展初期，主要发起会员出于对其提供资金安全性的考量而对组织的掌控导致其与会员的利益立场并不相同。因此，主要发起会员控制下的董事会作出的经营性决策既有可能有利于增进会员的福祉，也有可能只是让主要发起会员获利而有损于会员的利益，无论出于何种情况，主要发起会员在组织中对会员的权利压制是不可否认的。

相互保险组织特殊的所有制形式决定了组织招募的会员在权利行使上的高度分散性，由于人数众多并且地域分布广泛，普通

〔1〕 参见刘作翔:《权利冲突的几个理论问题》，载《中国法学》2002年第2期。

会员很难直接行使其在组织中应当享有的包括参与组织经营管理和监督在内的各项权利。而主要发起会员却可以凭借其在组织中因设立行为而获得的主导性地位,轻而易举地操纵组织经营中具有控制性的管理类权利,虽然这些权利未经《相互保险组织监管试行办法》明确认可,但作为主要发起会员发起设立相互保险组织的主要目的之一,其控制性权利完全可以通过对董事会和监事会等组织核心管理机关的掌控来实现,毕竟在内部监督缺位、外部监管尚未完善的情况下,企业治理领域控制权主体的自我授权行为很难完全禁止。从某种意义上说,相互保险组织中的董事会拥有完全不受限制的自由裁量权,并可能忽视投保人的权利。〔1〕因此,在利益空间有限的前提下,作为相互保险组织控制者的主要发起会员与作为所有者的会员之间的利益分歧难以避免,毕竟所有权与控制权的分离在公司的发展过程中毫不奇怪。美国经济学家伯利和米恩斯所主张的"几乎没有控制权的财富所有权与几乎没有所有权的财富控制权,似乎是公司制发展的必然结果"〔2〕同样适用于采取与股份制保险公司相似设立方式的我国相互保险组织。

尽管相互保险机构的客户有权在对董事的选举中投票,但他

〔1〕 See Bradley Crawford, *The Nature, Source and Extent of Participation Rights in Mutual Insurance Companies*, 25 Canadian Business Law Journal 173(1995).

〔2〕 [美]阿道夫·A.伯利、加德纳·C.米恩斯:《现代公司与私有财产》,甘华鸣、罗锐韧、蔡如海译,商务印书馆2005年版,第79页。

们很少能形成具有实际意义的投票数量，这一事实扩大了所有权和控制权之间的鸿沟，同时实践中也没有“大多数”或“主要”投保人的声音大到足以构成对管理层的制衡。[1]会员作为相互保险组织所有者，在组织中享有股东和投保人的双重身份，并享有复合性权利，但主要发起会员掌握组织控制权的现状导致会员缺乏权利行使的动机和平台，因此在组织设立中发挥重要作用且具备经营管理能力的主要发起会员理所当然地成为组织实际权利控制者，其在组织经营决策、人事安排和日常事务方面具有完全的控制性权利。虽然从身份上而言会员是组织法定的所有者，但由于其购买保险主要是出于分散风险的需求，会员对组织经营管理的关注程度远不如股份制保险公司中的股东，在这种情况下会员终将成为组织单纯的资本提供者和风险承担者。在相互保险组织的经营过程中，只有当主要发起会员和会员的利益、立场一致时，组织最终的治理决策才可能完全表达会员意志；但一旦出现双方利益分歧的情形，组织决策时更可能服从的是控制者的单方意愿而忽视会员的利益。虽然通常情况下相互保险组织的设立不以营利为目的，但组织在经营过程中是可以营利的，因此，基于以私有财产制度为核心的社会理念，以主要发起会员（通常是公司法人）为代表的控制者集团手中的控制权如不被约束，放任其依照自我意

〔1〕 See Theodore Allegaert, *Derivative Actions by Policyholders on Behalf of Mutual Insurance Companies,* 63 University of Chicago Law Review 346（1996）.

愿经营相互保险组织，最终极有可能会发生的情况是主要会员通过损害组织和其他会员的正当权益成为控制者谋取私利的工具。

2.会员与经营管理者的权利冲突

1972年，美国纽约州南区联邦地区法院审理了一起有关反垄断的案件——斯坦加特诉美国公平人寿相互保险公司案（Steingart *v.*The Equitable Life Assuru），该案的被告是美国公平人寿相互保险公司，原告是以斯坦加特为首的三名该公司的投保人，他们在控诉中称，被告公平人寿保险公司在承保过程中阴谋使用过时的和不符合实际情况的死亡率表，据此向其投保人收取不合理的高额保险费，并在公司中实行垄断式管理，侵害投保人的合法权益。针对该诉讼请求，纽约州南区联邦地区法院要求被告不能违反联邦反垄断法，并责令被告纠正公司的会计程序，以便投保人能够更准确地确定他们所购买保险的实际成本。法院还要求被告应当在公司中设置合理的确保保单持有人自主参与公司管理和事务的实施方案，且要求公司的剩余资金不能用于与保险业务无关的事务，而应当作为盈余分配给所有投保人。[1]该案中的相互保险公司投保人针对公司经营者自我授权且采取不当措施侵害投保人合法权益的事实申请法院救济，法院在判决中对相互保险公司经营者的行为进行了限制，保障了投保人正当权利的行使空间。

〔1〕 See Buist M. Anderson, *Policyholder Control of a Mutual Life Insurance Company,* 22 Cleveland State Law Review 211（1973）.

(1)公司经营管理者权利的扩张

公司中的控制权并非一成不变，随着经营状况的变化，公司中的所有权与控制权及资本投入之间的关系可能相互结合也可能彼此分离，实践中大型公司在经营过程中更易出现权利主体不相一致的情况。公司的成长和发展过程，也是一个权力流失的过程，即权力从股东会流向董事会，进而流向经理或者管理人员的过程。合格的公司经营者往往也是公司经营管理的专家，赋予他们在公司经营管理方面充实的权利和独立的地位，他们就可以充分展示自己的才华，利用自己的知识、经验、能力和技巧发展公司事业，为公司及全体股东谋取最大利益。[1]大型公众公司中被完全控制在承担经营管理职责的“经理层”手中早已是被行业默认的市场经营规则，只要这些经营管理人员的行为尚未背离为企业利益服务的总发展目标，对其在公司中享有的高薪及越权行为股东通常予以认可。公司法学者将这些人员享有的权利称为经理权，为了适应现代公司营利性活动的需要，各国立法上越来越倾向于赋予公司经理更大权利，甚至有人惊呼现在的公司权力结构已经从董事会中心主义逐渐过渡到经理人中心主义。[2]当然，通常情况下管理者并不会明目张胆地通过不法行为实施对公司及

〔1〕 参见段威:《公司治理模式论——以公司所有和公司经营为研究视角》,法律出版社 2007 年版,第 165~166 页。

〔2〕 参见赵万一、宋时波:《公司经理权的界定及其在我国的法律完善》,载《商业经济与管理》2006 年第 9 期。

股东利益的侵害，但作为公司中各项活动和业务的掌控者，"经理层"确实享有诸多便利条件，在监管存在漏洞或缺位的情况下，他们可以轻而易举地将公司利益转入私囊。〔1〕

有学者主张经营者在公司中控制性权利的取得是基于公司股东有限责任的对价，公司特有的资本制度赋予股东在公司中的地位与特权。从公司经营实践来看，并不是所有股东均具备管理能力并拥有经营欲望，因此现代公司经营理论认为更有效率的公司经营方式是在股东出资的基础上，将公司交由更具有专业性的职业经营管理者控制，股东仅需从众多求职者中选择出其信任的具有经营专长的管理人员，由管理人员通过其专业特长对股东在公司中的投资进行管理。公司中的这种权利分配体系得到股东和经理人双方的认可，也是现代企业经营给予不愿直接从事公司经营但又对资金增值有迫切需求的投资者的好处之一，当然实践中也会出现由于经营者的越权给股东造成损失的负面情况。〔2〕公司经营管理者加入公司的根本目标与作为投资人的股东并不相同，对薪酬和名誉的渴望虽然可以通过为股东利益全心服务的方式正当获得，但是在股东无法全面监督的情况下，经营管理者通过对公司和股东利益空间的侵占反而可以更快地实现其目标。在公司治

〔1〕 参见［美］阿道夫·A.伯利、加德纳·C.米恩斯：《现代公司与私有财产》，甘华鸣、罗锐韧、蔡如海译，商务印书馆2005年版，第134页。

〔2〕 参见［美］罗伯特·孟克斯、尼尔·米诺：《监督监督人：21世纪的公司治理》，杨介棒译，中国人民大学出版社2006年版，第99页。

理过程中，高层经理人员往往过分强调自身人力资本在企业价值创造中的作用，从而侵犯股东利益和忽视利益相关者在公司价值创造中的作用。[1]因此，如何针对公司内部经营管理者权利的扩张采取有效的约束和限制方式，一直是法学理论界和实务界的一大难题。

（2）相互保险组织会员与经营管理者的利益分歧

从理论上来说，相互保险组织会员可以通过其表决权的完全行使来保障其在组织中的所有者地位，其享有的投票表决权应该能够控制组织中从直接的经营管理到董（监）事及经理人员的选任等各项事务。[2]但实践中我国相互保险组织在成立初期往往是由主要发起会员作为组织控制者直接占据董事会董事及高级管理人员职位，此时组织内部的控制权和经营权合并集中于主要发起会员手中，但随着组织发展和经营规模的扩大，部分主要发起会员受自身管理能力所限，在组织具体经营事务上的影响力会逐步减弱，此时具备专业管理能力的职业经理人凭借其经营能力和积累的人脉成为组织经营权主体，并对主要发起会员的控制权形成反向牵制。与股份制保险公司相比，相互保险组织中的会员与组织管理者（我国相互保险组织设立初期的管理者以主要发起会员为主）之间的权利冲突成为组织中的主要矛盾，这也是各国相互

〔1〕 参见郭金林：《论契约视角的消费者治理与公司社会责任重构》，载《消费经济》2007年第5期。

〔2〕 参见李敏：《相互保险组织的治理介绍》，载《法律与新金融》2016年第8期。

保险机构所面临的历史性治理难题。

相互保险公司的社员通常情况下较为关注公司的清偿能力，以确保他们能够得到应有的保障，而对公司的经营状况较不在意，对经理人的行为较不关心，也无法利用股票分红来激励经理人，因此对经理人的内部监督较为缺乏。[1]相互保险组织中的经营管理者包括董事和经理，在会员缺乏参与管理机会的情况下他们是会员的代理人，代理人本应当代表的是委托人的利益需求，但由于组织中主体权利分离的现实状况，代理人基于个人利益立场对组织中财产的处分反而极有可能会对会员利益造成侵害，毕竟无论是会员还是保险监督管理部门对代理人的监管都不可能面面俱到，代理成本问题成为组织和会员所面临的难以克服的窘境和困扰，并且当前的相互保险组织经营也无法放弃由职业经理人进行管理经营的模式。[2]相互保险组织会员在选择经理层的问题上很少有发言权。当然，大型股份制保险公司中的股东由于股权的分散性在经理层选任的问题上同样没有发言权，除非是管理层在工作中出现了严重的经营失误问题。[3]一般情况下，代理人被授予的自由裁量权越大，其为自身利益而损害合同其他各方利益

---

〔1〕 参见陈俊玮：《论医疗责任保险之未来——建立相互保险组织之刍议》，台湾政治大学 2014 年硕士学位论文，第 78 页。

〔2〕 See Henry N. Butler, *The Contractual Theory of the Corporation*, 11 George Mason Law Review 187(1989).

〔3〕 See Buist M. Anderson, *Policyholder Control of a Mutual Life Insurance Company*, 22 Cleveland State Law Review 412(1973).

的可能性就越大。[1]

"即使是最为理想的公司薪酬安排可能也无法使经理人的回报与企业福利完全一致"。[2]通过域外的相关比较研究可以发现，由于很难采取公司经营中普遍实行的高薪或者股权激励模式，相互保险组织中缺乏利益激励的经理人薪酬相对偏低，另外相互保险组织相对简单的非以营利为目的的经营模式也难以对经理人形成可量化的考评方式，因此相对股份制保险公司来说，相互保险组织所要面临的管理者道德风险、非必要财务支出及额外监督成本的支出等问题更为严重。[3]对相互保险组织经营管理者而言，其无法独占组织经营成功的所有利润（当然对于相互保险组织这样的非营利性质的企业来说，其本身的利润空间就非常有限），也不用承担组织经营失败的全部风险，而且相互保险组织的保守化经营策略也使经营管理者施展才能的空间受限，因此要求其为组织"殚精竭虑"谋求利益的自身动机和外在动力明显不足。

现有的公司研究理论证明，企业所有权和控制权趋于一致可以降低代理成本，依照该观点推断，在所有权和控制权完全一致

---

〔1〕 See David Mayers & Clifford W. Smith, *Ownership Structure across Lines of Property-Casualty Insurance*, 31 Journal of Law & Economics 239(1988).

〔2〕［美］拉里·E. 利伯斯坦：《非公司制组织的兴起》，罗培新译，法律出版社 2018 年版，第 199 页。

〔3〕 参见王宜可：《相互保险组织经理人支出偏好及监督》，载《保险职业学院学报》2018 年第 2 期。

的独资企业中代理成本是最低的。[1]当然，现代企业经营的复杂化趋势虽然使所有权与控制权的完全统一越发难以实现，但是不同主体同质性的权利需求可以在一定程度上降低企业内部权利冲突的危害性。相互保险组织中的主要发起会员与会员的利益出发点不同，但毕竟双方之间还存在部分的利益连接，而缺乏本质利益共同点的经理管理者与会员却处在此消彼长的冲突关系中。早在1969年，学者J.A.C.赫瑟林顿就已提出相互保险公司的投保人只是纯法律意义上的所有者，因为他们不需要在公司清算时承担个人责任，也没有利润支配权，更没有能力控制公司的管理层的观点，赫瑟林顿认为，其原因在于投保人将自我定位于接受相互保险公司管理层服务的顾客，对公司的经营管理缺乏兴趣，因此投保人的利益也无法体现到公司的经营决策中。虽然作者指出了在相互保险公司中管理层作出的经营决策未必是基于对投保人利益最大化的考虑这一重要推断，但最终论文中除对相互保险公司中投保人的地位进行了分析外，并未就如何提升会员在相互保险公司中的地位及对管理层的抗衡提出有效建议。无论是相互财产责任保险公司还是经营寿险的相互保险公司中的现实情况都是投保人几乎完全不参与对管理层的选择，而且在选举过程中也无法对管理层产生影响，甚至不可能威胁到管理层的

〔1〕 参见［美］迈克尔·詹林、威廉·麦克林：《企业理论：管理行为、代理成本与所有权结构》，载陈郁编：《所有权、控制权与激励：代理经济学文选》，上海人民出版社2006年版。

任期，这与其说是相互保险公司成员主张所有权的法律障碍，不如说是公司成员的利益无法激励其对管理层采取行动。[1]另外，人均投票权制度也使得在职管理层在任何选举和竞争中都占据优势，因为可以预期，投保人或储户持有的过于分散的投票权很难形成对管理层的对抗性力量，最终投票的结果还是由管理层操控。[2]

在公司立法及实践中，谁的出资额最多，谁就可以通过控制股东会进而控制公司，股份制保险公司从一开始就是财产权与管理权分离的，一些观点认为，所谓良好的制度设计能够从根本上解决公司股东与管理者之间的矛盾并不切实际，除非股东本身也是公司管理者，否则对股东权益保护而言，与其绞尽脑汁提高股东在公司管理方面的地位，不如从约束管理者本身的过度投机性着手。[3]股份制保险公司可以根据公司股票的涨跌情况灵活调整公司经营者和经营策略，市场为股份有限公司的经营提供了纪律约束和激励机制，相应地降低了股东所需耗费的监督成本。因此，虽然相互保险组织的管理经营者权力的扩张对组织会员权的实现造成了相当大的阻碍和困扰，但由于相互制保险的经营方式导致其市场应激性的缺乏，组织经营者对市场敏感度更低，经营

〔1〕 See J.A.C. Hetherington, *Fact v. Fiction*: *Who Owns Mutual Insurance Companies*, 4 Wisconsin Law Review 199 (1969).

〔2〕 See Gary P. Kreide, *Who Owns the Mutuals-Proposals for Reform of Membership Rights in Mutual Insurance and Banking Companies*, 41 U.Cin. L. Rev. 310(1972).

〔3〕 参见刘毅：《股东权利保护研究》，北京大学出版社 2016 年版，第 6 页。

策略的正面或负面效应在经营中的反馈相对而言较为缓慢。同时相互保险组织的服务目标导致其缺乏对经营管理者追求卓越的奖励,会员流失可能是对其低效率或不称职的惩罚,但除非达到危及企业偿付能力的程度,否则仅是组织经营业绩欠佳不会对经营管理者在组织中的地位及权利造成威胁。

3.会员与相互保险组织间的利益冲突

对我国目前的相互保险组织的性质难以采用《民法典》中的法人分类标准进行准确划分,一方面,因组织设立并非以对会员进行利益分配为目的,因此其不属于营利法人;但组织会员权中又包含着盈余分配权,因此也不能将其简单归类为非营利法人,最终只能选择将其从形式上归类为特别法人。另一方面,由于目前保险监管部门对相互保险组织的规制和管理与对公众公司的相关规定并无本质差别,似乎也可以结合组织设立目的将其界定为营利法人与非营利法人之间的"准营利法人"。有学者主张相互保险公司是由保单持有人持有的具有合作性质的组织机构,是以为其成员提供保险服务为根本目的的一种中性法人。[1]无论采取何种界定方式,相互保险组织作为法人具有独立人格这一点是不可否认的,相互保险组织也因此具有相应的民事权利能力和民事行为能力,当然,组织权利的最终实现需要通过其董事和高级管理人员的具体执行行为。相互保险组织权利的实现受到多重因素

〔1〕 参见张柯:《相互保险公司与股份保险公司的比较研究》,载《上海保险》2005年第5期。

的影响，既可能是外部经营环境的变更（市场竞争、国家政策、结构调整等），也可能是基于内部经营方式和管理策略的制约。借鉴作为营利法人典型的公司权利理论，公司作为独立的权利主体，在运行过程中其与股东之间的利益交叉乃至分歧属于常态表现，因此实践中两者的权利冲突无可避免，尤其是公司的经营目标与股东基于个体权利需求之间的利益冲突更是伴随着公司运营的整个过程。[1]相互保险组织作为典型的利益集合体，是囊括了如会员、债权人（包括主要发起会员和其他债权人），甚至社会公共利益在内的诸多权利主体的社团法人。组织的成立虽然以为会员提供保险服务为基本目的，但最终组织利益的体现并不是所有会员利益的简单相加，除会员之外，组织对外体现的主体特征还要受到多种力量的影响，而会员的权利要求无疑是诸多力量中最弱的一环（过于分散的个体会员权很难形成与其他力量相抗衡的合力）。

因此，对相互保险组织来说，其为会员提供保险服务经营的基本目的虽然无法改变，但具体的实现方式和手段却有多种可能性。就股份制公司而言，其经营扩张行为通常是为了股东的直接利益，结合收购成本及公司的长期和短期前景，股东通常也倾向于从公司收益的再投资中获利，从这个角度来说，股东的利益似乎与公司管理层可以达成一致。相互保险组织的经营管理层通

〔1〕 参见赵克军：《冲突和平衡：股东权利与公司权利》，载《河南工程学院学报（社会科学版）》2012 年第 2 期。

常也会出于各种心理和经济原因寻求企业成长，但其投保人却很少或根本无法从组织的扩张中获益。[1]在相互保险组织运营实践中，会员很难对组织经营管理者的扩张决策进行反对，即便组织扩张与会员权利的实现之间并无必然的联系，但组织控制者往往以有利于组织整体发展作为依据，会员很难就此提出反对意见。因此，可以这样说，相互保险组织的整体利益并非所有会员权利和要求的简单集合体，反而在组织由代表人出面实现经营目的的过程中可能会侵害会员的权利空间，此时会员与组织在权利的正当实现问题上也会产生相应的冲突，需要通过法律的强制性规定将组织与会员之间的权利偏差矫正到合理的范围内。“法律的目的是平衡个人利益和社会利益，实现利己主义和利他主义的结合，从而建立个人与社会的伙伴关系”[2]，为保障会员正当权益的实现，实践中可以事先在章程中对组织和会员权利的边界予以厘清，对相互保险组织的经营行为预先作出禁止性规定，防止董事和高级经营管理人员对组织经营上具有高风险性的误导；另外，还应当强调会员（代表）大会的根本职能，使其在组织发展和经营中真正体现积极性功能，因为只有会员（代表）大会能够完全代表会员意志并体现其在组织中的最高权利机构职能时，组织与会员

〔1〕 See J. A. C. Hetherington, *Fact v. Fiction*: *Who Owns Mutual Insurance Companies*, 4 Wisconsin Law Review 203 (1969).

〔2〕 张文显：《二十世纪西方法哲学思潮研究》，法律出版社 2006 年版，第 108 页。

的利益要求才能做到真正的契合。

二、会员权实现困境

在相互保险组织会员与组织中的其他主体(包括组织在内)的权利冲突中,弱势会员群体绝大多数情况下毫无疑问地属于被侵害方,《相互保险组织监管试行办法》中对会员权利的若干规定也是试图阻止其他强势权利主体对会员正当权益的忽视与侵害。除存在上文所述权利冲突的客观现状外,还有其他诸多因素共同导致会员在组织中权利的虚置,最终陷入法定与现实分离的尴尬困境。

(一)相关规定中会员权设计的内在缺陷与不足

1.会员权内容缺位及行使范围限缩

从原中国保监会 2015 年颁布的《相互保险组织监管试行办法》到 2017 年发布的《关于加强相互保险组织信息披露有关事项的通知》中均可以看出,其将相互保险组织设立的性质定位为公众公司,采用和股份制保险公司相同的经营管理方式,但是相互保险组织在所有制形式、治理方式、组织体系、面临风险等方面均与股份制保险公司存在较大区别。如基顿和威德斯教授所指出的,相互保险公司中“所有权”的广泛分散,通常会为管理层创造出一种实质性独立的局面,这创造了一个更大的风险,管理将不受约束。[1]相互保险组织会员的权利相比股份公司股东的权利更容易受到忽视和侵害，更为分散的所有权形式使会员在董事会成员选定和管理层任命上丧失话语权，而且在组织经营管理上他们也很少能和经营者进行直接交流。目前针对我国相互保险组织会员权利的规定虽然大体上与会员在组织中的双重身份相匹配，但由于获批的几家相互保险组织还处于初建阶段，对未来相互保险组织在发展过程中可能遇到的困扰和障碍尚未考虑具体的应对措施，因此对会员权的规定仅结合其身份上的双重性进行了简单覆盖，并未对这些权利及权利之间的关系进行深入思考，也因此造成组织实际经营过程中会员权的虚置。另外，对会员因组织形式变更或其他情况出现而应当享有的会员股份索取权、剩余财产分配请求权和继承权等权利的规定缺位导致当前的会员权体系尚缺乏系统性和前瞻性。

目前，在《相互保险组织监管试行办法》中已经对我国相互保险组织会员权进行了相应规定，同时还授权组织章程对会员权利进行补充性完善。就目前的会员权设定内容体系来说，对会员应享有的“股东”性和“客户”性权利均有涉及：针对会员的“客户”性权利而言，虽然直接用“按照合同约定享受该组织提供的保险及相关服务的权利”进行规定较为笼统，但该种界定方式给予了相互保险组织很大的解释空间，毕竟会员权的具体内容还要

〔1〕 See Robert E. Keeton & Alan I. Widiss, *Insurance Law: A Guide to Fundamental Principles, Legal Doctrines, and Commercial Practices*, West Publishing. Co., 1988, p.968–969.

结合保险合同的不同类型进行考虑；会员的“股东”性权利内容虽然规定相对较多，但仍然不够全面，并且由于现行权利规定较为宽泛、缺乏实施细节，导致会员享有的这些权利在具体实践中难以操作和落实，更不用说还存在相互保险组织在其章程中公然对会员应当享有的权利进行限制和剥夺的情况。因此，相互保险组织会员的“股东”性权利目前尚有很大的进步空间，除《相互保险组织监管试行办法》规定的相关权利选项外，对会员所应当拥有的其他权利，如退出权、继承权、诉讼权等的完善性规定是会员权利实现的制度基础。从本质上来说，民事主体所拥有的权利作为国家通过法律予以承认和保护的利益及权利主体根据法律作出选择以实现其利益的一种能动手段〔1〕，严格服务于其所属主体的利益及价值追求，对相互保险组织会员来说，完备的权利制度设计可以为会员权的实现与救济提供理论基础。

在我国当前的相互保险组织中，对会员权的规定除存在上文提到的相关权利内容缺位的问题外，会员权的实现还受到其他因素的影响。基于信赖利益理论考量，在组织会员已知或可知其已享有权利的情况下，组织和组织控制者有义务配合实现会员的权利要求和期待。〔2〕相互保险组织会员在组织中拥有参与组织经营

---

〔1〕 参见张文显：《“权利本位”之语义和意义分析——兼论社会主义法是新型的权利本位法》，载《中国法学》1990年第4期。

〔2〕 参见马新：《信赖与信赖利益考》，载《法律科学（西北政法学院学报）》2000年第3期。

管理类权利，既然会员享有的这一系列权利是受到组织认可的，那么组织就应当为会员权利的实现提供相应的实现途径。但现实情况是，无论是保险监管部门还是已成立的相互保险社均未真正重视会员“股东”性权利的作用和意义，会员在组织中应享有的表决权、选举权与被选举权及知情权等主要权利被控制者通过各种手段弱化和限缩。以众惠财产相互保险社为例，该社会员本应依据《相互保险组织监管试行办法》的规定享有的对董事、监事及会员代表的选举权和被选举权，在其章程中被替换为提名会员代表和选举或被选举为会员代表的权利，并且进一步规定会员的表决权只能通过会员代表行使。[1]这些条款貌似是对会员权利的细化规定，实际上大大缩小了会员权利行使的空间，对组织会员应享有的权利构成了实质上的剥夺和侵害。

2.对会员代表资格的不当限制

我国目前的相互保险组织中还存在对会员行使权利资格的限制性规定，对能够行使会员权的会员设置了严苛的入门条件。还是以众惠财产相互保险社为例，该社章程第 58 条第 1 款对能够被提名为会员代表候选人的会员条件规定如下：“会员代表候选人应具备以下资格条件：(一)须为本社会员；(二)具备互助精神及良好的品行和声誉；(三)了解保险基本原理及运营流程，大学本科以上

〔1〕 众惠财产相互保险社章程第 35 条“会员权利”第 1、2 项规定：“(一)按照本章程的规定，会员享有提名会员代表的权利；(二)按照本章程的规定，会员享有选举或被选举为会员代表的权利，并通过会员代表享有表决权。”

学历，具有保险、金融、经济、管理、法律、投资、财会类专业学历背景或5年以上相关专业工作年限，具备履行职责必需的专业知识及素养；（四）被提名之前连续三年持有本社保单；（五）有较强的议事能力和良好的参与意愿，能如实反映会员的意见和要求，充分行使民主权利；（六）本章程规定的其他资格条件。”只有同时具备这些条件的会员才可能拥有被提名为会员代表的资格，再通过选举程序当选后方能代表会员行使各项权利。从这些相互保险组织章程规定的条款来看，对相互保险组织会员代表候选人的硬性条件规定已经远远超过了组织对董事和监事的基本要求，[1]这种过于明显的区别性对待让人难以理解。不合理的制度设计将众多具有权利行使需求的会员拒之门外，属于对会员身份的歧视性制约。实践中姑且不论组织中有多少会员能够符合上述规定中的“高标准严要求”的资格条件，对个体会员来说，即便其满足该要求同时有参选意愿，也很难满足后续提名要求的客观人数条件（如汇友财产相互保险社要求占会员总数10%以上的会员联合方能提名会员代表候选人）。因此不难得出结论，该组织对会员选举权和被选举权的规定注定沦为虚置，最终会员代表候选人的选择完全掌握在组织中处于绝对信息优势的董（监）事会手中（该社规定其董事会、监事会可直接提名会员代表候选人）。

---

〔1〕 众惠财产相互保险社对董事的要求条件规定在其章程第106条第1款：“本社董事为自然人，应具有良好的品行和声誉，具备与其职责相适应的专业知识和工作经验，并符合法律、法规及中国银保监会规定的条件。”

我国目前相互保险组织中会员权规定的内在缺陷使会员享有部分的权利只能成为掩盖相互制与股份制经营差异的形式化“外衣”，无法彰显相互保险制度优势的会员权利设计只会导致我国刚刚起步的相互保险组织的发展陷入困境。因此，从本质上考察相互保险会员在组织中的身份地位并结合公司经营过程中的成功经验对会员的权利及权利实现途径重新设计，方能对我国未来的相互制保险发展形成内在促动。

（二）会员自身对其权利的忽视与放任

由于相互保险组织会员在组织中的出资金额受到保险合同限制，会员的分散性远高于股份制保险公司中的股东，相互保险组织直接召开会员大会的难度极大。即便交通工具的便利和互联网的普及可以在很大程度上克服会员参加会员大会的地域难题，但对众多会员来说，其对组织具体经营的模糊性和“搭便车”式的侥幸心理会使他们缺乏参与组织治理的行为动机，怠于行使自身权利，结果造成积极行使权利者必须承担所有行动成本但最终却要与其他所有者分享利益。[1]因此，虽然相互保险组织赋予会员以其缴纳的保费为基础的对组织享有的类似于“股东”的所有权，但会员在加入相互保险组织时更倾向于以“客户”的身份去选择保险组织提供的保险产品，其更为关注的是组织能否为其提

〔1〕 参见［美］拉里·E. 利伯斯坦：《非公司制组织的兴起》，罗培新译，法律出版社2018年版，第27页。

供更好的保险服务，在达到这个最主要目的之后，如果还能得到利润和分红，则完全属于“意外惊喜”。因此，会员与相互保险组织之间的复杂关系导致其权利的虚置，根本原因在于会员无论是基于主观或者客观的原因，更易于将自身定位为公司管理层所提供服务的消费对象，特别是在大型商业相互保险中，这种现实的关系是对正式法律规则和假设的讽刺。[1]而且从国外实践经验看，相互保险组织基于种种考虑往往在营利后并不对会员进行利润分配，而是将利润作为公司公积金及法定准备金或者用于弥补亏损，所以理智的会员基于成本考量往往选择主动放弃其所享有权利中的监督管理职能。在缺乏利益激励和相应尊重的前提下，会员在组织中享有的会员权是一种完全形式化的，甚至连会员自己都难以重视的弱所有权。以我国的阳光农业相互保险公司为例，目前其法定会员与公司之间的纠纷还是集中于传统的投保人与公司之间针对保险合同及赔偿的相关争议，法院针对此类纠纷也并未对相互保险公司会员与股份制保险公司投保人进行区分，目前也尚未有相互保险组织会员基于其在公司中的“股东”身份提起权利诉讼。

我国《民法典》第 4 条规定的“民事主体在民事活动中的法律地位一律平等”表明了民事主体享有权利的资格平等，民法从基础上剔除了当事人身份上的差别并给予平等主体相同机会的保

〔1〕 See J. A. C. Hetherington, *Fact v. Fiction*: *Who Owns Mutual Insurance Companies*, 4 Wisconsin Law Review 205(1969).

护。商事法作为民法的特别法，同样应当遵循主体平等的价值理念，当然，其中个体主体的权利和义务不可能完全等量，法律所要做的只是将权利和义务在不同社会主体之间公平地进行分配，民事立法的主要目的之一就是要利用法律的强制力公平地保证当事人经济利益的实现。[1]在相互保险组织中，对会员各项权利予以规定的目的在于保护处于弱势地位的会员并约束享有实质控制权利的主要发起会员及经营管理者，但现实情况是表面上拥有各种参与权利的会员却不具备行使权利的机会和平台，组织决策权还是被掌握在并未被授予管理性权利的以主要发起会员为代表的控制者手中。[2]以 2017 年成立的信美人寿相互保险社为例，该社章程中对其主要发起会员虽然除初始运营金归还请求权和利息请求权外并无其他权利规定[3]，但其官方网站披露的信息显示，组织成立之初其董事会成员中除独立董事之外的 7 名董事中有 6 名均来自主要发起会员所属公司或子公司，并且由董事长和副董事长同时兼任该社管理执行委员会主席和副主席。该社章程中规定，只有会员代表才能参加会员代表大会并行使《相互保险组织监管试行办法》中规定的表决权等非财产性权利，同时又在章程第 46

---

〔1〕 参见赵万一:《民法的伦理分析》(第 2 版)，法律出版社 2012 年版，第 84 页。

〔2〕《相互保险组织监管试行办法》除在第 10 条规定了主要发起会员运营资金本金和利息求偿权，在第 17 条规定“主要发起会员的权利、义务可由相互保险组织章程规定”外，未明确规定主要发起会员的其他权利。

〔3〕 信美人寿相互保险社章程第 22 条规定:“运营资金提供人除可根据相关协议及本章程的约定收取本息外，不享有其他收益分配权或任何与本社经营决策等相关的权利，但其同时为本社会员的除外。”

条规定了会员代表候选人选任可以通过董事会提名和 1/10 以上的会员共同书面提名两种方式。提供给会员的代表提名方式对于人数众多且在地域分布上高度分散的会员来说很难实现（如信美人寿 2018 年 10 月 16 日在支付宝平台推出产品“相互保”，仅半个月时间即有超过 1400 万人加入，以此为基数，由 140 万人以上的会员共同书面提名才能选出心仪的会员代表候选人），相比之下，由主要发起会员控制的董事会提名代表候选人则十分容易。因此看似完备的会员权利条款设计在实践中形同虚设，会员很难通过正常途径自下而上地进入组织的经营管理核心，而主要发起会员却可以凭借其身份优势轻而易举地直接或间接控制从董事会到会员代表大会等组织核心机构。

赋予个体的权利可能会具有这样的性质——不能根据该权利行事或受益，在这种情况下它可能只是形式上的“权利”，因此对其持有者来说价值有限。[1]现代经济社会发展产生的诸多不公平问题促使民法制度和民法理念发生变迁，由近代所追求的形式平等演变为现代所追求的实质公平。会员与组织的控制者和经营者在权利和权利行使机会上理论和实践的偏差背离了民法平等保护的初衷，针对会员的诸多权利设定的本意在于对抗主要发起会员及经营者，防止其滥用权利损害组织和会员利益，但最终形式上的倾向性规定条款未能使会员拥有与组织控制者抗衡并对其不当

〔1〕 See Douglas P. Long, *Governance of Mutual Insurance Companies: A Call for Reform*, 29 Drake Law Review 433 (1979).

行为形成有效牵制和监督的力量，会员实质权益的保障和双方真正意义上权利平等的实现需要更多的监管措施辅助。

（三）组织控制者对会员权的漠视与侵害

从信息不对称理论的角度考量，受主观或客观因素影响，企业中的不同主体信息来源途径并不相同，最终后果是由信息掌控多寡不均导致的企业内部主体地位分层。相互保险组织中的“内部人控制”是我国在实践中需要解决的难题，其他国家主要通过对董事及高级管理人员信义义务的约束以及事后司法追责的方式进行应对。〔1〕哈里·G. 赫恩教授认为，从直接方面讲，控制股东拥有公司的控制权，通过其控制性权利的行使获得了优越的地位，保持优越地位的人依照衡平法的一般原则应负信义义务；从间接方面讲，如果董事与公司职员负有信义义务，那么通过影响董事和公司职员而支配公司的控制股东也应负有类似的义务。〔2〕信义义务指的是以最高程度的诚实与忠诚为他人的最佳利益而行事，〔3〕为防止公司董事和控制股东凭借其信息优势通过各种手段操纵董事会，使董事会成为自己的“傀儡”来指挥公司的行动以

〔1〕 参见刘燕、李敏：《相互保险在中国：理念、特征与挑战》，载尹田主编：《保险法前沿》（第4辑），知识产权出版社2017年版。

〔2〕 See Harry G. Henn, *Handbook of Law of Corporation*, 2nd ed., West Publishing Co., 1970, p.477.

〔3〕 See Bryan A. Garner, *Black's Law Dictionary*, 9th edition, West Publishing Co., 2009, p.581.

侵害其他股东的利益，各国立法通常对公司董事及控制股东课以信义义务，即要求他们在行使权利时，除考虑自己的利益外，还负有考虑公司利益和其他股东利益的义务。[1]《相互保险组织监管试行办法》在第 11 条中要求我国相互保险主要发起会员应当“信誉良好，具有持续出资能力”。该条规定从主体资格方面对主要发起会员履行信义义务的基础性条件进行了限定。

相互保险组织中以主要发起会员为代表的控制者阶层应对组织和会员负有善意和公平的信义义务，主要发起会员在组织中的权利行使正当与否与会员切身利益密切相关，信义义务是能够制衡其强势地位的制度设计。信义义务规则本质上是为责任主体权利保护之诉服务的，我国《公司法》中对公司发起人、董事、监事及高级管理人员均规定有违反信义义务的责任追究机制。当然，具体到相互保险发展的实践中，由于我国目前尚需要依靠具备一定经济实力及相应资质的投资者作为主要发起会员来推进我国相互保险业的发展，因此在对主要发起会员的信义义务规制上应持慎重态度。毕竟如果对发起人信义义务履行的规定过于苛刻，势必会影响主要发起会员设立组织的积极性且影响组织经营运作；反之，如果信义义务规定得过于宽松，则无法起到对主要发起会员的约束作用，因此应从兼顾组织和会员利益角度对主要发起会员的信义义务进行综合评价和考量。从目前立法和原中国保监会

〔1〕 参见刘凯：《控制股东的信义义务及违信责任》，载《政法论坛》2009 年第 2 期。

发布的相关文件来看，相互保险组织中有关控制主体信义义务的规定并不完备，在信息不对称的情况下会员很难采取有效措施主动对控制者阶层信义义务履行与否以及在何种程度上履行进行有效监督，相互保险组织中以主要发起会员为主的控制者的信义义务履行还只能凭借控制者的自律和保险业监管部门的外部监管。

“公司治理领域最基本的问题莫过于‘谁具有决策权’，即谁实际控制公司。”〔1〕根据伯利和米恩斯的观点，控制权区别于所有权，同时又区别于经营权，控制权掌握在那些拥有挑选董事会成员（或大部分董事）实权的个人或集团手中，他们可以通过自身的影响力对经营者下命令。〔2〕如美国历史上最伟大的法官之一卡多佐法官所言，控制性的影响力并不一定要靠投票，也可以采用其他方法来行使。基于以私有财产制度为核心的社会理念，只有当所有者能够完全控制企业时其才会从其本身利益角度出发来经营企业，企业也才会完全为所有者利益服务。采取现代化经营模式的相互保险组织基于市场竞争和规模扩张的目的会尽可能多地发展会员（如日本生命保险相互会社作为日本国内第二大人寿保险公司拥有超过 1150 万名客户），因此相互保险组织中的个体会员很难直接参与组织经营决策，会员对相互保险组织的经营管理

〔1〕 孙光焰：《董事会独立性之惑与董事分类选举制度的构建》，载《北京社会科学》2017 年第 11 期。

〔2〕 参见［美］阿道夫·A. 伯利、加德纳·C. 米恩斯：《现代公司与私有财产》，甘华鸣、罗锐韧、蔡如海译，商务印书馆 2005 年版，第 79 页。

或人事安排完全不具备控制能力，董事会成员的选择也基本不受会员意志影响，而且组织所有权与控制权分离，进而控制权与经营权分离的过程逐步导致了会员从组织运营中的抽离。就我国相互保险的发展而言，相对成熟的股份制保险公司治理经验惯性也极易造成相互保险组织的控制者将会员仅视为“客户”对待，这种情况下，“如果那些掌握公司控制权的人，用公司的利润从事再投资以扩大自身权利，那么他们的利益与‘所有者’的利益就可能是直接对立的”。[1]控制者集团手中的控制权如不被约束，会成为控制者谋取私利的工具，并最终损害组织和其他会员的正当权益。

（四）立法及监管措施的欠缺与错位

相互制保险在我国还处于初期发展阶段，由于我国目前并没有更多的相互保险经营实践经验可供参考，对相互保险会员权的相关研究还在逐步完善的过程中。目前针对相互保险组织设立、运营、监督等各个方面的法律规制除原中国保监会发布的相关文件外，并无其他相关的立法及司法规定涉及。相互保险组织会员权作为会员利益实现的核心，需要更为明确和详尽的设置及保护机制，但就目前我国相互保险组织的经营情况来看，并未凸显组织会员的权利优势，组织控制者还是立足于将会员仅视为“投保

〔1〕［美］阿道夫·A.伯利、加德纳·C.米恩斯：《现代公司与私有财产》，甘华鸣、罗锐韧、蔡如海译，商务印书馆2005年版，第134页。

人”的角度进行会员招募、保险合同设计及组织经营管理。如果无法以强制性立法的形式对组织中会员权利保障当前的畸形发展趋势进行矫正，相互制保险组织势必成为新型的披着“相互”外衣的商业保险公司，无法实现保险监管部门对相互制保险的预期定位设计及未来发展目标要求。

就我国目前的相互保险组织而言，由于组织无法发行股份，公司经营中产生重要外部影响的证券市场（股东们可以“用脚投票”）、控制权转让市场（收购对董事、经理的压力）以及治理结构的比较和竞争压力等因素难以对相互保险组织起到直接的影响。组织会员享有的主要是被动性权利，也就是能否实现、如何实现完全由他人决定的权利，因此，大多数时候，对保险人进行选择和监督的权利对会员来说毫无意义，会员从根本上缺乏决定是否行使该权利的基础，只要相互保险组织能够履行对会员的义务，管理层的表现对会员来说就毫无意义。依照伯利与米恩斯的观点，一个活动规模很大的集团中除少数控制者外该集团中个体的地位是无足轻重的，只有在控制者希望获得“成功”所带来的荣誉时，所有者与控制者的利益才可能会一致。在相互保险组织中我们所要做的是确保组织中的控制权主体能够更好地为所有权主体利益进行服务，不管其行为动机是基于主观意愿还是外界压力。保险监管部门的监督作用可以对组织控制者的权利滥用行为进行约束，目前对相互保险组织的规制还较为宽泛笼统，随着相互保险立法的逐步到位，我国的保险监管部门势必回归其最为基础的监督职能。

我国相互保险组织会员的权利内容及结构尚有很大的进步空间，由于目前针对性立法的欠缺，只能借助《保险法》《公司法》中投保人和股东的权利规定来为会员权研究提供借鉴经验，同时也可以参考《农民专业合作社法》中有关农民合作社成员权利的规定。[1]另外，其他国家相互保险公司、相互保险社及保险合作社中成员权利的规定也可以为我国相互保险组织会员权的发展提供前车之鉴。会员权作为会员在组织中权益实现的重要基础和保障，无论是专门立法还是对现有相关制度性规定进行修正，最终实现对其进行全面系统的保护是我国相互保险业发展过程中的紧迫性需求。

〔1〕《农民专业合作社法》第 21 条规定："农民专业合作社成员享有下列权利：(一)参加成员大会，并享有表决权、选举权和被选举权，按照章程规定对本社实行民主管理；(二)利用本社提供的服务和生产经营设施；(三)按照章程规定或者成员大会决议分享盈余；(四)查阅本社的章程、成员名册、成员大会或者成员代表大会记录、理事会会议决议、监事会会议决议、财务会计报告、会计账簿和财务审计报告；(五)章程规定的其他权利。"

第五章

中国相互保险组织会员权完善构想

我国相互保险组织中的会员权作为会员享有的“弱性”权利，与其他运营成熟的组织模式中的主体权利相比，在内容、实现、立法及监管等方面尚存在不足之处，因此本书尝试从以下几方面提出建议和可行性解决方案，以期能对目前我国相互保险组织会员权所遭遇的困境有所突破。

一、会员权权利体系的完善与重构

（一）结合域外经验对会员权内容的完善

传统的相互保险公司经营中，投保人的所有者地位及公司的非营利性消解了其与保险公司之间潜在的利益争端，弱化了投保人逆向选择的动机。但与股份制保险公司相比，相互保险公司无法通过发行股票进行融资的弱点导致其利用资本市场的能力极其有限，在激烈的市场竞争中仅依靠会员缴纳的保费无法实现组织规模化发展的目标。随着多年来相互保险公司形式的不断演变，相互制保险逐渐脱离了原有的框架和限制，现在表现出的发展趋势是在其他经济组织形式影响下被逐步稀释和融合的结果。[1]域外相互保险公司规模的扩大和投保人数的增多使投保人逐步与组织的具体经营事务脱离,公司中最终的控制权和决策权被掌控在管理层手中,而且投保人所有权的弱化同时造成其监督职能的缺位,对相互保险公司投保人权利的完善性规制可以在一定程度上阻止公司中权利结构失衡的颓势。

从对会员权利最佳保护的角度考虑,将组织收取的会员保费在扣除必要管理费用之后完全用于支付保险合同要求的赔偿无疑是最理想的状态。但从组织的实际控制者和经营管理者的角度来说,组织收取的保费首先需要维持组织必要的经营,另外为了在与其他保险组织或公司的竞争中占据优势地位,还需要支付其他的必要费用,如广告宣传费用、分公司组建费用、高薪聘请优秀经营管理人员的费用等(这些费用从会员角度来看可能是非必要的)。在这种情况下,本应用于对会员进行盈余分配的那部分剩余资金势必被用于其他途径,此时会员的权利需求与组织的经营策略和目标之间形成冲突,最终可能性最大的后果就是,组织控制者在作出相应决策时有意忽视和放弃会员的权利,毕竟会员在组织中的话语权极其有限,绝大多数情况下无法就权利歧视及时发表反对意见。因此如何解决会员权利要求与组织现代化经营之间的矛盾与冲突,既兼顾会员利益又不影响组织的发展,才是当

〔1〕 See Bradley Crawford, *The Nature, Source and Extent of Participation Rights in Mutual Insurance Companies,* 25 Canadian Business Law Journal 181(1995).

前我们所应考虑的现实问题。

从目前会员在相互保险组织中的身份和权利实现的实际情况来看，对会员权及权利的实现方式进行进一步完善是保证会员所有权实现的正向选择，针对《相互保险组织监管试行办法》中对会员权规定的欠缺与不足，从立法和行政角度重新进行规制，是保障相互制保险进一步发展的必要条件。我国目前相互保险组织中的会员权体系还不够完善，新的立法和行政规章除结合本书第二章的阐述对会员权的内容进行扩充外，还应当兼顾对会员权具体行使方式和途径的完善设计，结合域外相互保险机构的立法考察，实践中可参考《日本保险业法》中对会员异议权及会员代表选拔的相关规定。此外，英国相互保险经营中对传统会员和非传统会员的设定同样可给予我们启示：相互保险组织可以采取更为灵活的方式进行经营，非传统会员的加入并不会对传统会员权利造成冲击，反而可以与之形成互补作用。

（二）会员权行使主体及实现方式的重构

针对会员权在实践中的实现难题，究其根源来说，相互保险作为最原始的保险经营形式，是在具有共同风险要求的主体自发汇集的基础上逐步发展而来的，因此最初的相互保险组织由成员进行自主经营完全是基于成本考量，是为了确保其成员缴纳的保费完全用于对组织内成员的保险赔付，对其成员管理经营性权利的规定是出于降低机构经营成本的实际情况所必需的。但随着相互制保险发展的日益规模化，职业投资者和经理人开始逐步参与到相互保险机构的经营过程中，普通成员在相互保险机构内的主导性作用日益退化。随着机构内所有权与控制权的日益分离，此时对其成员"股东"性权利的强调无法达到其预期的目标和成效，因此相互保险组织会员权实现困境的最深层原因可以归结为传统会员权的内容及相关规定与当前的相互保险组织经营模式不相匹配，现代化的相互保险机构经营理念与由会员直接对相互保险组织进行主导和控制的传统营业模式并不相容。相互制保险特有的经营模式决定了其更适合将人数控制在一定范围内的小规模保险经营机构，此种机构内成员参与经营的主观意愿较强，彼此之间的风险偏好和主观意愿也能够更为契合。国外大型的相互保险公司则倾向于采取更为灵活的与股份制保险公司接轨的经营模式，在传统相互保险经营项目之外拓展经营项目和经营领域，这种趋势转变也从侧面论证了相互制保险本身的固有弱势。

基于当前市场经济的发展态势，相互保险组织的规模化发展已经无法避免，因此就组织中的会员已经丧失对组织的控制权的现状而言，与其执着于对其权利进行停留在形式化层面的完善和美化，不如从组织现代化经营的角度对会员权体系进行构建，重新设计出符合现代相互保险组织经营理念的会员权利和权利实现的有效途径。毕竟无法实现的"空头"会员权对会员来说毫无意义，以其他的权利实现途径代替普通会员享有的管理经营类权利对组织和会员来说未尝不是更为科学的选择。我国目前设立的相互保险组织均不约而同地将会员应享有的“股东”性权利全部或部分替换为会员代表方能行使的权利，结合组织主要发起会员和经营者对组织的经营规划来看，由会员代表代替会员参与组织管理经营的确是更为彰显商事经营利益需求和效率的权利行使方式，是现代化企业经营的最优化选择。但目前组织会员代表的选择条件和人数均难以体现组织以会员为服务核心的经营宗旨，除上文中提到的对会员代表候选人严苛的资格要求条件外，各组织对会员代表均有人数上的限制（如汇友财产相互保险社规定该社会员代表不超过 25 人；信美人寿相互保险社规定该社会员代表大会由 45 名会员代表组成；众惠相互保险社规定每届会员代表名额不少于 21 人，具体人数由选举委员会负责确定）。这些相互保险社中的会员代表均可连选连任，人数较少且任期较长的会员代表更易于被组织实际控制者所操纵，最终成为组织的“编外董事”，无法代表会员的真正利益需求。因此，为体现会员代表的独立性和表达意愿上的自由性，应当将那些要求“大学本科以上学历”“五年以上相关专业工作经验”等与会员权利实现并无明显关联的形式化资格条款予以废除，毕竟会员代表是由会员推选而不是招聘产生，应当侧重对年龄、职业、地域甚至性别等更为体现会员多样化权利要求的背景条件进行考察，通过由下至上的层层选拔和汇集，方能将不同会员的不同权利要求在会员代表大会中予以展现。同时相互保险组织每年至少应当召开一次针对所有会员开放的会员（代表）大会（为降低会议召集难度，可选择采取更为方便灵活的线上网络参与模式），参会会员人选应当从对组织经营较为关注并且有权利行使意愿的会员中随机选择，理论上每位会员均应当有参加会员（代表）大会的机会（属于会员的权利同时也是义务），避免组织中的会员代表成员固化可能导致的其在会员权益事务上的不作为。

另外，也可以在相互保险组织中设置表决权信托制度，起源于美国的表决权信托可以将相互保险组织会员的收益权（包括接受保险服务权）和对组织的控制权交由不同的主体行使，这种制度安排有利于享有受益权的组织会员与获得组织经营管理控制权的受托人的双方利益最大化。〔1〕表决权信托的本质是利用信托的方式对表决权进行重新安排，相互保险组织中会员表决权直接行使难以达成预期效果，与信托制度相结合则能够适应不同人的表决权需求，进而在组织中产生聚合性决议力量。〔2〕当然，在相互保险组织中与表决权信托制度相匹配的应当是相互保险组织会员大会的正常召开，只有会员享有参加会员大会的权利和机会，该制度才有其存在的意义。我国目前立法尚未对表决权信托制度予以认可，但该制度在扩展相互保险组织会员权行使途径上的意义不可否认。

〔1〕 参见覃有土、陈雪萍：《表决权信托：控制权优化配置机制》，载《法商研究》2005年第4期。

〔2〕 参见梁上上：《论表决权信托》，载《法律科学（西北政法学院学报）》2005年第1期。

二、对会员权利行使的保障与激励

学界通说认为，公司中的股东权利经历了一个不断被侵蚀（erosion）的过程，即随着现代公司的发展壮大，股东权利或者流于被废弃（fallen into desuetude），或者被公司经营者所篡夺（usurped by corporate managers）。[1]这一点在相互保险组织中表现得更为明显，相互保险组织最原始形式的萌芽可以追溯到古埃及、古巴比伦、古罗马等国的互助组织和由中世纪西欧的“基尔特”行会制度发展而来的“友爱社”和“互助社”等准专业组织，早期小规模的团体内互助性质的相互保险组织只能由其成员兼任组织内相关事务的管理，其成员在组织内享有的所有权可以囊括控制、经营等各项权利，随着相互保险的规模化发展，会员才逐渐与组织的管理核心相远离。而从股份制公司的发展源头——1602年成立的荷兰东印度公司来看，当时也并没有设置体现股东权利的股东大会一类的机构，而是采用与当时的贵族专制相一致的董事专制制度，股东和股东大会制度是之后为了吸引更多的资本加入才成为各国公司法中的固有制度。因此，相对于股份制公司中股东所有的作为经营策略存在的权利，相互保险组织中会员“与生俱来”的权利更易受到现代企业经营模式的冲击。

〔1〕 参见段威：《公司治理模式论——以公司所有和公司经营为研究视角》，法律出版社2007年版，第64页。

从所有权角度分析，会员在相互保险组织中的地位类似于公司中的小股东，而公司经营中大股东对小股东的利益侵害和小股东漠视自我利益的“用脚投票”一直是难以解决的治理难题。并且，股份公司中的大股东和小股东之间虽然有利益冲突，但是双方在以股权为基础的营利性目的上是一致的（不考虑大股东为了私利严重侵害公司利益的非正常情况），而相互保险组织中的主要发起会员和会员的存在基础和利益要求完全不同，双方针对组织经营策略难免发生意见分歧。对于人数众多的会员而言，其以个体身份参与组织治理和对组织进行监督的成本太高，为了不增加额外成本，每个会员都希望是由其他更有责任心的会员出面去对组织进行监督，自己则免费享受由此带来的成果，从而造成在大家都选择“搭便车”的情况下对组织控制者的经营决策只能听之任之，主动或被动放弃参与权的会员只能寄希望于组织控制者出于“良心”或其对名誉和声望的追求等道德约束在管理组织事务方面尽心尽责。

为解决会员参与难题，立法者和监管部门应当尽可能降低会员维权和监督的成本，努力营造一个制度构建和法律配置完善，能够激励会员积极维权并提高其主动监督意愿的环境。[1]当前我们处在互联网技术高度发展的时代，以往造成会员参会积极性不高的交通问题和参与成本问题完全可以用网络投票甚至是有限范

〔1〕 参见郑秀田、许永斌：《控股股东攫取私利下中小股东的行为选择——“理性冷漠”还是“积极监督”？》，载《经济评论》2013 年第 6 期。

围内在线直播会员代表大会等现代化的方式来解决。对处于发展初期的相互保险组织来说,如果不能切实保障会员“用手投票”的权利及其对组织的认同感和归属感,相互保险组织损失的可能就不仅是现有会员和保费,还有组织赖以立足的公众信赖及潜在客户。长此以往,其只能选择转制或者退出市场。

相互保险组织会员权难以实现除了主要发起会员主动对权利攫取的行为原因,组织内部会员监督功能的缺位也是重要原因。《相互保险组织监管试行办法》中规定了会员参与组织管理及表决权、选举权等若干项能够体现所有者地位的条款,但实践中会员在组织中的参与权利和监督权利难以落实。建立会员强制进入相互保险组织董事会的制度,使之与主要发起会员共同行使管理控制职能,不失为保障会员利益的有效方式,如众惠财产相互保险社在章程中规定组织董事会成员中除执行董事和独立董事外还应包含两名会员董事,由代表不同利益立场的董事共同处理组织事务,可以有效平衡各方利益主体之间的权利要求。另外,根据我国《公司法》中的相关规定,股东可以针对公司合法权益受到他人(包括控股股东、董事和管理人员及母公司等)不法侵害的情形提起派生诉讼,作为公司内部监督制度失灵的补充救济措施。就相互保险组织会员而言,当主要发起会员及其他经营管理者的决策有损于组织和会员利益时,相互保险组织会员可以通过提起派生诉讼来限制其侵权行为,会员派生诉讼制度可以对组织控制者的权利滥用进行监督和制衡,避免对会员权的保护流于形式。

三、组织控制者权利的监督与约束

政府对相互保险公司的监管水平，是保障投保人地位的一个重要条件，因为有理由认为，如果认真行使专员罢免高级管理人员和董事的权力，至少可以保护投保人免受管理不当行为的持续影响。[1]为切实保障相互保险组织中会员的所有者地位，国外相互保险公司的治理经验是运营资本提供者（主要发起会员）仅在公司成立初期承担过渡性功能，当组织经营日趋成熟后运营资本提供者（主要发起会员）应从组织中退出。[2]基于我国相互保险尚处于发展初期的现状，短时期内主要发起会员不可能从组织经营中抽离，为保障此阶段组织中会员的正当权益并且弱化组织内部的权利冲突，对主要发起会员的控制性权利进行适当限制是解决当前问题的可行性选择。

（一）明确主要发起会员权利界限

依照科斯的观点，正常市场交易的前提是权利之间存在一定的界限，立法的目的之一即为对权利边界的界定与明晰，从而

---

〔1〕 See Theodore Allegaert, *Derivative Actions by Policyholders on Behalf of Mutual Insurance Companies*, 63 University of Chicago Law Review 355(1996).

〔2〕 参见方国春：《我国相互制保险公司治理主体权利与配置研究》，载《保险研究》2016 年第 8 期。

实现权利在市场交易中的转移与组合。[1]主体间的权利界限是市场交易稳定的基础和保障，对权利的适当限制可以降低交易成本，防止权利交易中的不确定性。[2]对主体权利界限和范围界定的模糊性通常会带来两种后果：当权利主体较弱时其他主体和机构对其权利的漠视将导致其权利范围限缩；在主体较强的情况下，其他主体和机构则默许其实质性权利的扩张。《相互保险组织监管试行办法》中缺乏对主要发起会员权利的规定，将这部分内容交由相互保险组织的章程予以完善，虽然在理论上采取由职业管理机构托管的经营管理模式更能体现相互保险的非营利性本质，更能从中立者的角度防止会员权利受到组织控制者的侵害。但我国相互保险组织运营还处于初级阶段，并无贴合我国实际情况的成熟经验可供借鉴，因此在保险监管机关的监督下，在组织成立初期，由具备丰富管理经验并且因初始运营资金的投入而对组织更具有责任感的主要发起会员对组织进行管理，在吸引更多投资者进入相互保险领域的同时，也有利于市场稳定和经营效率。

虽然《相互保险组织监管试行办法》中除运营资金偿还权和利息请求权外并未明确规定主要发起会员在组织中的其他权利，

〔1〕 参见[美]科斯：《企业、市场与法律》，盛洪等译，三联书店上海分店 1990 年版，第 51 页。

〔2〕 参见陈舜：《权利及其维护——一种交易成本观点》，中国政法大学出版社 1999 年版，第 5~6 页。

但是权利内容的欠缺并未影响主要发起会员在组织中的控制地位和经营管理权利的实现。依照学者观点，主体权利能否不受限制地实现，取决于是否有高于其权利的价值及能否利用该价值来压倒其权利。[1]相互保险组织中主要发起会员所处的地位决定了组织中其他主体的权利要求无法对其形成有效约束，在法律允许的范围内，其基于主观意志作出的决策已经构成对组织及其他主体绝对的影响力并且侵犯到了他们的权利空间。从法学理论上来说，任何权利都有自己的特定边界（范围），这种边界有的通过立法者进行明确规定，但更多情况下需要通过其他方式（司法解释、公序良俗等）予以昭示。[2]无论是出于主动还是被动，对权利边界的触动势必引发权利交界主体之间的权利冲突。

对主要发起会员权利限制的有效方式并不是在权利授予上的吝啬，这样反而会助长其对权利的渴望进而自我授权，既然不可能将主要发起会员完全隔离于组织管理之外，采取合理界定其管理性权利并对越权行为进行严惩的方式反而可以起到相对理想的约束效果。相互保险组织中主要发起会员权利界限的确定可以有效阻断其对组织和会员利益的侵害，明确授予主要发起会员在组织中基于资金提供和管理能力可以享有的盈余分配权和经营权，可以有效缓解主要发起会员在组织中因法定权益虚置导致的机会主义行为。毕竟如果掌握组织控制权的人无权参与组织剩余收益

〔1〕 参见夏勇：《权利哲学的基本问题》，载《法学研究》2004 年第 3 期。

〔2〕 参见郝铁川：《权利冲突：一个不成为问题的问题》，载《法学》2004 年第 9 期。

的分配，他就没有动因运用控制权去实现收益的最大化，相反其还可能会毫不在意地花掉已有的收益，使有权获得剩余收益的人无利可获。[1]

（二）对组织控制者的防范与激励

在公司运作中，对小股东保护的重视与对控制权的警惕是几不可分的硬币的两面，这里隐含着一个潜在认定，即控制权在多数情形下是恶的。[2]在以资本为基础的股份有限公司中，由于大股东对公司事务拥有掌控权，无论是监管者还是中小股东都不惮以最大的恶意去忖度大股东行为，认为在放松监管的情况下大股东会基于私利将公司利益据为己有。实践中，大股东侵犯公司利益的行为也确实屡见不鲜，但我们不能据此就否定大股东在公司经营中的重要作用及其为公司付出的努力。在相互保险组织中，最高权力机关是会员大会，特别是在组织规模较小时确实如此，但大型的相互保险公司是由管理层对公司进行直接控制，会员很难参与组织的经营管理过程，并且相互保险公司的规模越大，其会员的利益要求也越为复杂，公司中的会员代表大会和监事会的监督职能也越会被弱化，这种情况下相互保险机构的运营体系已

〔1〕 参见［美］亨利·汉斯曼：《企业所有权论》，于静译，中国政法大学出版社 2001 年版，第 13 页。

〔2〕 参见周淳、肖宇：《封闭公司控股股东对小股东信义义务的重新审视——以控股股东义务指向与边界为视角》，载《社会科学研究》2016 年第 1 期。

经很难与股份制公司进行区分。[1]在相互保险组织中，针对以主要发起会员为代表的组织控制者采取增加其违法成本以控制其不法行为的防备态度能够在一定程度上体现积极性意义，但同时也应当考虑到，将为相互保险组织运营付出大量财力物力的主要发起会员视同“犯罪嫌疑人”一般对待，在某些情况下也可能会激起负面效应。有学者提出，在公司中不能仅重视对经理人或职工的激励而忽视对大股东的激励，否则容易导致大股东在为公司付出大量监督成本的同时却无法得到相应的成本补偿，结果他们可能会通过侵害公司和其他股东利益的方式进行“找补”。[2]主要发起会员在组织中的关键性地位和作用导致不能将其仅视为单纯的债权人，其在相互保险组织设立过程中提供巨额运营资金并且积极履行组织设立中的各种职责和义务的行为的目的也不是公益或慈善，因此，在《相互保险组织监管试行办法》中只规定运营资金和利息的求偿权对主要发起会员而言无法涵盖其在组织中的权利需求。

“任何行为都需要不断地被激励，这种激励可以是物质的奖励、他人的认可，也可以是自我的认可，重要的是一个人必须感到其努力能带来自身福利的变化，为了激励行为者，必须让其能够

〔1〕 参见刘素春:《中国农业保险组织形式研究》，武汉大学 2010 年博士学位论文，第 75 页。

〔2〕 参见申尊焕:《大股东补偿、激励与中小股东利益保护》，载《财贸研究》2003 年第 5 期。

获得自身劳动的果实，这是市场经济的一个基本点。”[1]公司法学者基于公司经营者在公司业务运营发展中的重要性，认为应当给予经营者相应的利益激励。合理的公司经营激励机制可以使公司经营者的个人利益与公司及全体股东的整体利益紧密挂钩，从而实现二者经营目标的一致化，鼓励公司经营者充分发挥自己的经营管理才能，合理运用公司经营管理能力。[2]对我国相互保险组织的控制者来说，其与会员利益追求在本质上的差异性决定了其在组织中对主导性权利要求的迫切需求，此时对组织控制者的权利要求采取正向的激励机制反而更为有利于引导其对组织的责任感和使命感。我们不能以奉献精神为由从道德上绑架主要发起会员，毕竟我国相互保险组织的主要发起会员基本都是本质上以营利为目的的公司法人。具体可以参考美国马萨诸塞州对保证资本持有人表决权授予的规定，从立法层面增加对主要发起会员的利益保障条款，使之能够光明正大地基于资金提供和管理能力获得相应利益。通过这种权利配置方式可以增强主要发起会员自律性，进而降低内外部监督成本，从源头上控制主要发起会员对组织和其他会员的侵权行为。

〔1〕［美］A. 爱伦·斯密德：《财产、权力和公共选择》，黄祖辉等译，上海人民出版社、三联书店上海分店 1999 年版，第 2 页。转引自应飞虎、戴玉梅：《论我国经理制度的创新》，载徐学鹿主编：《商法研究》第 3 辑，人民法院出版社 2001 年版，第 136 页。

〔2〕参见段威：《公司治理模式论——以公司所有和公司经营为研究视角》，法律出版社 2007 年版，第 64 页。

四、会员权立法及监管审思

相互保险制度的发展历史上，有很多因素共同造成了其在发展过程中的波折和障碍。但近代以来，制约我国相互保险制度发展的重要因素可以归结为法律法规的缺位和精算以及偿付能力监管制度的不健全。[1]就目前我国保险业发展状况来看，这两方面的困难均可以克服，随着相互保险组织的逐渐增多，针对相互保险的立法势必提上日程，而保险精算及“偿二代”监管体系的完善也为我国当前相互制保险的发展提供了制度基础，针对相互保险组织的立法及监管措施的逐步到位，势必可以对组织中会员权利的完善和保护产生良性促进。

（一）相关立法的修订和制定

1.《保险法》的修订

我国自1995年颁布《保险法》至今，一直以发展股份制保险为主，并未给予相互制保险足够的重视，自2005年我国首家试点的相互保险公司——黑龙江阳光农业相互保险公司成立后，一直未有新的相互保险公司沿袭其模式发展，这种情况的出现与我国相互保险法律法规的缺失有很大关系。目前几乎没有哪个国家对

〔1〕 参见王凯、谢志刚：《历史视角下相互保险发展路径研究》，载《保险研究》2017年第7期。

相互保险公司这种保险组织形式进行单独立法，有关相互保险公司的立法大多分散在各国的保险法规之中，只是在各章节以及条款中将涉及相互保险公司的规定进行列示，以示与股份制保险公司的区别。[1]因此，我国针对相互制保险进行专门立法的可能性也不大，更可行的立法选择是参考《德国保险监管法》和《日本保险业法》的结构体系在我国《保险法》中增加相互保险组织章节。

基于权利保护理论根源学说，某种基于民事利益保护立法制度的缺位将导致对此利益的保护陷于不能，[2]因此，虽然就会员权利行使及保护可以以我国的《民法典》作为权利来源依据，但作为我国保险体系的重要组成部分，《保险法》在未来修订时势必应当有相互制保险规制的一席之地。任何新生制度的立足和发展都需要依赖完善的法律体系来提供制度保障，阳光农业相互保险公司经营过程中遭遇的各种设立及资本难题验证了“无法可依”带来的经营困境。立法缺位的情况下，相互保险制度所具有的特殊金融属性使其在具体经营过程中常常徘徊于“合法”与“非法”之间，极度限制其制度的发展与创新。结合我国当前相互制保险急需高速发展的契机，迫切需要解决具有针对性的立法体系完善问题，提高保险法律层级并且增强规则的可操作性，通过立法明确相互保险组织在保险体系中的作用并对其经营及结构进行完

---

〔1〕 参见谭影慧:《美日互助保险公司监管及其对中国的启示》，载《经济与管理》2006 年第 11 期。

〔2〕 参见张驰、韩强:《民事权利类型及其保护》，载《法学》2001 年第 12 期。

善，以便为监管部门提供确切依据，同时使相互保险组织能够正常开展经营业务。[1]缺乏具体立法规制导致的最直接后果就是相互保险组织的地位难以准确界定，其设立过程可能面临审批时间长、通过率低等一系列困扰，在市场监管部门的登记和税收等问题也面临着无法可依的难题，目前相互保险组织只能依靠相关部门的特别批准一路前进，因此针对相互保险的专门立法是当前相互制保险发展刻不容缓的内在需求。

针对相互制保险在我国处于初期发展的现状，目前国家和公众的关注点还集中在如何能够保障相互保险组织在我国股份制保险发展已经相对成熟的情况下顺利融入保险体系，因此在原中国保监会发布的《相互保险组织监管试行办法》中更为侧重对相互保险组织设立及经营基本条件的界定，并未对组织从设立到消灭乃至国外相互保险公司已遭遇的转制问题有系统性规定。“立法是紧紧围绕着法律责任的依据、范围、承担者，以及法律责任的认定和执行（制裁）等问题展开的。”[2]因此，未来的《保险法》修订在考虑如何对相互保险进行系统性规制的同时，也要结合相互保险组织发展实践增加对相互保险组织会员权利保障的相应条款，并且应当关注会员权的实现方式和救济途径，同时也应对组织中主要发起会员和经营管理者的权利范围予以明确，防止其在控制

〔1〕 参见顾长河：《大力推动中国相互保险发展以深化多层次金融改革》，载《云南社会科学》2017 年第 6 期。

〔2〕 张文显：《二十世纪西方法哲学思潮研究》，法律出版社 1996 年版，第 466 页。

性地位驱使下的自我授权对会员权益的侵害。此外，就相互保险组织章程设定，除法律要求的必要性内容外，还应当严格限制组织通过章程规定对会员权利范围进行变相剥夺或压缩。总之，未来针对相互保险组织的立法在弥补现有规制缺陷的同时，也应当考虑相互保险制度的后续发展，一部兼具科学性和前瞻性的新《保险法》可以为这一在我国尚属新兴制度领域的发展和成熟提供依据和保障。

2.《合作社法》的制定

我国相互保险组织的经营目前还处在初级阶段，但从目前获批的三家相互保险社来看，其发展态势倾向于规模化发展并采取公司化运营模式，以后转型为相互保险公司的可能性较大。鉴于国际上尚未完全解决相互保险公司发展所需的融资问题，从 20 世纪末开始，相互保险公司，尤其是大型公司，出现了大范围的去相互化转制浪潮。目前日本保险业仍在经历着“非相互化”，而加拿大财险业的“非相互化”才刚刚开始。众多大型相互保险公司“非相互化”的原因和过程给予我们启示，相互制保险的规模化发展极易遭遇融资困境，毕竟相互保险组织无法像股份制保险公司那样发行股票，因此在组织有效解决规模扩张与资金筹集之间的矛盾之前，在我国先采取小规模经营的相互保险社发展模式较为稳妥，也更易于在相互保险组织中发扬“互助协作”的朴素保险理念。依照这个思路，专业性和地域性较强的保险合作社可以成为相互保险组织初期发展的最佳选择。

如法国学者季特所言，“合作制度并非来自学者或改革者的脑海，而是来自平民的肺腑”，合作社是为满足其内部成员需求而成立的，本身不具有营利性质，是特定行业和领域内处于经济弱势的群体为摆脱少数经济强者剥削以实现自我服务和救济的一种经济手段。[1]我国目前并未制定统一的合作社法，仅出于规范农民专业合作社的组织和行为，鼓励、支持、引导农民专业合作社的发展，保护农民专业合作社及其成员合法权益的目的，在 2006 年颁布了《农民专业合作社法》，并于 2017 年进行了修订。我国目前的合作社形式在农村地区具有较强的生命力主要是由于农民所处的弱势群体地位，一家一户的分散经营方式很难抵御农业经营中的风险，因此农业领域的合作化趋势较为明显。在 20 世纪末，我国也曾经尝试在保险领域采取合作社式经营，但最终没有取得预期成功，与农业合作社相比，相互保险“互助协作”的本质核心同样是保险合作社所要追求的价值目标，就我国目前的保险业发展状况而言，为充分体现相互保险制度的优越性，先尝试设立区域性的中小型保险合作社更符合相互制保险的本质特征与发展轨迹，而且也能够更为贴近特定领域投保人的保障需求，为相互保险的大规模发展积累宝贵经验。

国外传统的特定行业合作社对成员招募实行开放式政策，成员在合作社中主要体现惠顾者（使用者）身份，其所有者（投资

〔1〕 参见苑鹏：《试论合作社的本质属性及中国农民专业合作经济组织发展的基本条件》，载《农村经营管理》2006 年第 8 期。

者）角色反而处于从属地位，甚至从某种程度上来说，社员并不是合作社的出资者，作为惠顾者的成员享有的收益分配与其惠顾额成正比，成员同时也可以参与合作社的经营与管理，其在合作社中的管理者职能通过“一人一票”的表决权行使方式体现。〔1〕因此，从其成员角度来看，合作社社员在合作社中所处的客户、惠顾者、所有者和控制者地位与相互保险组织中会员身份的界定较为契合，而以保险合作社形式发展的相互保险组织，相比股份制保险公司更能体现会员的主体地位，也更利于会员利益的保护。

诚如《意大利共和国宪法》第45条的规定：“共和国承认不以私人投资为目的的互助合作社的社会职能。法律得以各种适当的措施奖励和支持互助运动的成长，并通过必要的监督来保证互助运动能保持自己的性质和目的。”〔2〕第二次世界大战后，西方国家除已有的消费、生产和信用类型的合作社外，还出现了针对住宅、医疗及信息等特定领域的新型合作社式经营机构。当前国际上合作社的管理方式趋向于民主化，组织系统不断完善，股份制的引入增强了社员对合作社的监督，促进了合作社管理朝着科学、民主决策的方向发展。〔3〕合作社可以为在市场竞争中处于不

〔1〕 参见邵科、徐旭初：《合作社社员参与：概念、角色与行为特征》，载《经济学家》2013年第1期。

〔2〕 戴学正等编：《中外宪法选编》（下册），华夏出版社1994年版，第88页。

〔3〕 参见欧阳仁根、陈岷等：《合作社主体法律制度研究》，人民出版社2008年版，第105页。

利地位的弱小生产者和消费者提供互助工具进而使之实现自助，在我国相互保险组织发展初期，可以尝试借鉴国外立法模式和经验，尽早出台符合我国实际情况的，对各个领域的合作社形式进行规制的合作社法。通常情况下，市场化程度较高的国家更为依靠行业自律，政府立法中的强制性规定较少；相比之下市场化程度较低的国家则更为凸显行政干预的功能，这些国家的立法一般较为详尽具体，涉及内容也较为全面，需要依靠行政法规来规范市场主体的各项行为。我国保险市场尚处于初期及不成熟状态，保险公司的行业自律意识也较为薄弱，结合当前情况，需要立法机关针对目前的制度空白尽快完善与相互保险相关的法律法规以规范各主体的保险参与行为。〔1〕合作社法的制定可以为保险合作社的发展提供制度依据，当然，在条件成熟后也可以针对保险行业的合作社进行单独立法（如保险合作社法等）。

（二）监管措施的完善与设想

1.保险监管部门现有监管职能的强化

根据实施监督管理措施的主体和手段不同，各国对保险业的监督管理主要是由国家监督管理、行业自律管理和保险企业的内部控制管理三部分构成，其中国家监管活动处于保险监督管理的核心地位。我国目前并无针对相互保险的专门立法，因此由保险

〔1〕 参见谭影慧：《美日互助保险公司监管及其对中国的启示》，载《经济与管理》2006年第11期。

监管部门对相互保险组织从设立到监管的各方面要求进行规定，当然，其最为重要的职责是对相互保险组织的运营进行监督管理。截至目前，我国保险监管部门已经发布了针对相互保险组织设立和管理的《相互保险组织监管试行办法》和增强相互保险组织经营管理规范性与透明度的《关于加强相互保险组织信息披露有关事项的通知》。

我国的保险监管部门作为独立的中立仲裁者，其设立的主要目的和职能是根据公众利益的需求对市场中的不公正行为或手段采取一定的强制措施进行矫正，其有效的监管可以维护经济市场的良性发展，保持保险市场的稳定和谐。[1]就国外的保险监督机构现状来看，英国的保险业统一由专门的金融服务局负责监管；德国的保险监管机关为德国财政部领导的联邦保险监督局；美国的保险业则由各州自行设立机构予以监管，全美国 50 个州、华盛顿哥伦比亚特区和 4 个托管区共设立了 55 个保险监管机构，简称保险监督局，由各机构负责对各自辖区内的保险业进行监督管理，[2]这些保险监管机构设立的主要目的是充当消费者的“监督者”（watchdog），确保公司的投保者不会被多收保费或者被歧视。[3]国家金融监管总局作为我国保险业的统一监督管理机关，

〔1〕 参见何文强：《理论与制度：我国农业保险法律问题研究》，重庆大学 2008 年博士学位论文，第 79 页。

〔2〕 参见常敏：《保险法学》，法律出版社 2012 年版，第 270 页。

〔3〕 See Inman Kimberly, *The Mutual Holding Company*: *A New Opportunity for Mutual Insurance Companies*, 42 Saint Louis University Law Journal 2(1998).

针对相互保险组织监管体系的建立，可以在现有的商业保险监管制度成熟经验的基础上，将之结合相互保险制度特点适度改动后予以应用。相互保险组织处于保险行业链条的供给端，其在我国的发展可以有效解决当前保险市场中保险产品供给类别化不足和保险业缺乏竞争的问题，增强保险化解风险能力和产品的市场竞争力。国家金融监管总局应当顺应行业供给侧结构性改革的大方向，大力推进我国相互保险组织发展的制度化和普及化，最终实现保险行业的均衡性和协调性发展。

根据《保险法》中对保险监管机构职责的规定〔1〕，我国保险监管机构的主要任务除维护保险市场秩序外，对保险消费者的合法权利进行保护也是其重要目的。当前我国无论是股份制保险还是相互制保险均采取由保险人先收取保费，后对保险损失进行理赔的方式，先收取的保险费可以视为保险人的负债，进行理赔支付保险金则是保险人对负债的偿还，对相互保险组织来说，组织的偿付能力大小直接影响会员的合法权利能否得到保障。〔2〕保险监管部门对保险机构偿付能力、资金运用或是信息披露等方面的要求的出发点固然是为了维护保险市场的稳定，保障良性的保险市场竞争秩序，但会员作为相互保险组织经营的核心，其权利实现

〔1〕《保险法》第133条规定："保险监督管理机构依照本法和国务院规定的职责，遵循依法、公开、公正的原则，对保险业实施监督管理，维护保险市场秩序，保护投保人、被保险人和受益人的合法权益。"

〔2〕参见黄进才主编：《保险法学》（第2版），郑州大学出版社2011年版，第292页。

与组织设立目标之间本就相辅相成，保险监管部门在对相互保险组织业务、资金运用、财务等方面进行监管的同时必须考虑会员的利益需求。

2018 年 11 月 27 日，在支付宝平台上线仅 40 天的由信美人寿相互保险社承保的“相互保”产品转型为名为“相互宝”的网络互助产品，起因是保险监管部门指出其涉嫌存在未按照规定使用经备案的保险条款和费率、销售过程中存在误导性宣传、信息披露不充分等问题。该事件说明我国目前的相互保险组织在各方面均处于“试错阶段”，因此相互保险的发展在我国还具有强烈的不稳定性，是落入传统股份制保险的窠臼还是在传统保险和网络互助之间开辟一条新路，对相互保险组织而言是全新的挑战。在我国目前相互保险立法尚未到位的情况下，保险监管部门的监管任务就显得尤为艰巨，从防止和规范管理层控制到组织整体治理机构，从信息披露到资金运用监管，所有这些与会员利益紧密相关的关键问题的制度设计与追究惩戒都以保险监管部门的监管职能的履行为依据。现行《相互保险组织监管试行办法》作为我国相互保险法律规制的基础和开端，虽然条文表述较为概括，但内容中除对监管措施的规定外，还同时涉及相互保险组织的设立与经营、主体权利和机构治理等其他相关规定。为更好地规范和指导相互保险业的发展，未来保险监管部门“正式”办法出台时还是应当回归到单一的监管层面，为相互保险组织及其会员的权益提供制度保障。

2.监管机构的独立化设想

制度是影响相互保险发展和变迁的关键因素，在契约制度发达的欧美地区，相互保险历史悠久，而在尚未制定相互保险法律规定的国家（典型如俄罗斯），相互保险发展明显滞缓，这印证了非正式制度抑或正式制度的设立都是影响相互保险发展的重要影响因素。[1]相互保险组织作为一种全新的、特殊的保险组织形式，从本质上看并不完全适合我国目前已经制定的以股份制保险公司为主要服务对象的监管体系，尤其是针对偿付能力的监管，完全以当前的偿付能力标准衡量的话，相互保险组织的资本充足率不够并且偿付能力不足。所以建立独立的监管机构或者在国家金融监管总局内部设立具有针对性的独立监管部门，是切合当前相互保险监管的可行性选择。在特定相互保险组织监管机构或部门的构建过程中特别需要针对当前相互保险组织急需的偿付能力监管标准进行构建，通过建立完善的偿付能力预警指标体系，对相互保险组织经营过程中的偿付能力状态和变化趋势进行动态监测，这样才能够保证相互保险组织偿付能力的稳定化趋势，切实维护组织会员和其他相关人员的切身利益。[2]

---

〔1〕 参见孙正成：《我国发展相互保险的制度环境分析——基于全球发展历程和实践的考察》，载《西部论坛》2017 年第 6 期。

〔2〕 参见关卉：《我国农业相互保险发展问题研究》，吉林大学 2012 年硕士学位论文，第 79 页。

第六章

相互保险组织会员权救济

一、会员权的理论及制度支撑

目前我国相互保险组织会员所享有的权利条款仅在《相互保险组织监管试行办法》中有所规定，原中国保监会同时授权组织可以在章程中对会员的其他权利予以补充。但从法律效力位阶上来看，《相互保险组织监管试行办法》是原中国保监会针对目前相互保险组织初期发展的暂行性通知，而章程则是仅适用于组织内部的自治性文件，对会员权利保护的力度极其有限。相互保险组织会员虽然从身份到权利均有其不同于其他主体的特殊性，但从本质上说还是属于受我国民法保护的民事主体，会员与相互保险组织之间的关系属于受民法调整的平等民事主体之间的法律关系。针对相互保险组织会员所享有的权利及其权利可能受到的侵害，除《相互保险组织监管试行办法》外，《民法典》中也有相应的条款和制度针对民事主体的权利进行界定和保护，并且可为平等民事主体之间的权利冲突提供救济。

（一）平等原则下主体权利失衡的矫治

众所周知，民法以人为本位，而人所具有的社会性使民法也会与社会发展相结合，体现其能够伴随实践发展更新和进步的内在属性。[1]对民事主体而言，其无法享有超出法律规定的权利，也无法要求他人承担与其拥有的权利不相匹配的义务。[2]相互保险组织会员作为独特的复合性权利的所有者，其权利属于民事权利体系这一点毋庸置疑，因此，在目前对会员权保护理论及立法尚未成熟的条件下，民法基于调整平等主体间权利义务关系的目的出发，可以为会员权的实现提供理论支持。根据《民法典》在第4条规定的“民事主体在民事活动中的法律地位一律平等”可以推断，民事主体享有权利的资格平等，民法从基础上剔除了当事人身份上的差别并给予平等主体相同机会的保护。同时，依照卢梭的论点，“社会公约在公民之间确立了这样一种平等，以致他们大家都遵守同样条件并且全部应该享有同样的权利”。[3]不同于公司大股东和小股东之间权利的相似性，或者股份制保险公司消费者权利的同质性，相互保险组织中的会员与主要发起会员的权利并不相同。会员因保险需求与相互保险组织签订保险合同，从签订合同加入组织时起就无法与设立组织的主要发起会员和其他经营管理者实现身份上的实质平等，结合我国民法的调整功能来说，会员与组织及以主要发起会员为代表的控制者之间在身份地位和权利实现上只能是形式上的平等。如学者所言，“同样情况

〔1〕 参见王泽鉴：《民法总则》（增订版），中国政法大学出版社2001年版，第37页。

〔2〕 参见赵万一：《民法的伦理分析》（第2版），法律出版社2012年版，第84页。

〔3〕 [法]卢梭：《社会契约论》（第3版），何兆武译，商务印书馆2003年版，第44页。

同样待遇并不能保证实现实质正义”[1]，主要发起会员作为组织的实际控制者，即便立法中或者组织章程内并未规定他们的相应权利，但其在组织中的控制性作用可以体现于各个方面，如组织名称的选择、组织经营范围的确定、章程的制订还有组织内权力机构人员的选择，在处于极度弱势地位的会员面前，主要发起会员的权利行使具有绝对的优势性和侵略性。组织有限的权利空间使得会员作为保险消费者，无法在组织中构建起类似于对组织实质控制者所拥有的那种与组织盈亏息息相关的“主人翁”式责任感。

如卢梭所言，“一切立法体系最终目的……可以归结为两大主要目标：即自由与平等。自由，是因为一切个人的依附都会削弱国家共同体中同样大的一部分力量；平等，是因为没有它，自由便不能存在”。[2]在股份制保险公司中，投保人是完全被动的，除享有选择哪一家保险公司的权利外，投保人在签订保险合同后只能被动地选择接受服务。而从商业保险的本质来说，投保人选择哪一家保险公司并没有本质上的不同，他们缴纳的保费经过保险公司精算后除预期范围内的赔偿数额和公司经营成本的必要支出外，还包括相当比例的基于公司股东利益考虑的盈利部分，这些部分叠加起来都要加诸保险消费者身上。

相互保险组织与股份制保险公司的经营模式存在本质差异，

〔1〕 沈宗灵：《现代西方法理学》，北京大学出版社 1992 年版，第 120 页。

〔2〕 ［法］卢梭：《社会契约论》（第 3 版），何兆武译，商务印书馆 2003 年版，第 26、66 页。

从相互保险组织设立的传统模式来看，会员在组织中的所有者身份的取得除因其提供的保费构成组织经营的资本基础外，更是出于其在组织中一系列管理性权利的存在。会员当前的权利体系虽然源于早期的小型互助性团体，但随着相互保险制度的发展演变，会员的这种独特权利体系反而成为在与股份制保险公司竞争的过程中会员之所以选择相互制保险组织的重要原因。在我国现存的相互保险组织中，会员所拥有的权利相对其他主体而言更为全面和完善，会员权设定的深层目的在于保护处于弱势地位的会员。但结合我国相互保险组织特殊的设立模式来看，这些看似冠冕堂皇的权利设计并未考虑到当前组织中会员的实际地位和状况，也并未针对会员权的实现机会和途径进行慎重思考，因此仅具有完美形式的会员权利内容设计在实践中形同虚设，会员很难通过其“股东”性权利的实现自下而上地进入组织的经营管理核心。对组织中处于弱势地位的会员给予特殊保护，是为了实现对实质公平的追求，会员与主要发起会员在权利和权利行使机会上理论和实践的偏差背离了民法平等保护的价值设置初衷，诸多会员权利设定的本意在于对抗组织控制者以防止其滥用权利损害组织和会员利益，但最终形式上的倾向性规定条款未能使会员与主要发起会员抗衡并对其不当行为形成有效的牵制和监督，会员实质权益的保障和双方真正意义上权利平等的实现需要更多的制度保障和监管措施辅助。

民法作为调整平等主体之间人身关系和财产关系的法律，对民事主体之间权利义务的失衡有天然的矫治功能，通常情况下民事法律关系中主体的权利义务无法等量，立法者所要做的只是将权利和义务在不同社会主体之间公平地进行分配，毕竟民事立法的主要目的之一就是要利用法律的强制力公平地保证当事人经济利益的实现。[1]公司运营过程中大股东与中小股东之间因地位失衡导致的权利冲突一直是公司法理论和实践中的难题，也是对民法形式平等理论的现实冲击，现代公司法理论及实践普遍认识到，为了实现股东间的实质平等，法律首先应当关注公司中的不同股东在权利和地位上的不平等，并通过法律的力量倾向性保护中小股东，使之能够行使属于自己的权利，方能打破现实中权利分配的失衡状态。[2]市场经济发展过程中产生的诸多不公平问题导致民法制度和民法理念从根本上发生了变迁，从过去仅要求形式平等的实现演变为当前对实质公平的追求，这一过程也体现了分配正义从形式向实质的转化。公众之所以主张平等，其根本原因在于社会中不平等因素的存在，正是对这种现状的扭转需求要求我们建构起某种平等理论的改造，实质平等的重要意义方得以凸显。[3]形式平等的核心理念是平等地对待每一个人，至于行为的后果正义与否则在所不问；而实质平等注重实效，关注的是

〔1〕 参见赵万一：《民法的伦理分析》(第2版)，法律出版社2012年版，第84页。

〔2〕 参见宋智慧：《股东平等原则与资本多数决的矫治》，载《河北法学》2011年第6期。

〔3〕 参见王立：《平等的双重维度：形式平等和实质平等》，载《理论探讨》2011年第2期。

结果上的平等，形式平等对结果公正的忽视会掩盖事实上的不平等。[1]在相互保险组织中，对会员、主要发起会员及组织中的经营管理阶层的权利需求一视同仁只能实现各主体间偏于形式层面的平等，会员在组织中实质性权利的实现需要更具有针对性及具象化的有效制度设计来保障。依照罗尔斯的理论观点，达到事实上的平等是公众的美好期望，但为实现这一目标首先需要对形式平等的打破，即在相应的民事法律关系中对那些弱势群体和强势群体适用不同等的权利尺度（对不同等的个体适用同等的衡量尺度会造成事实上的差距），只有这样方能实现最终的实质平等目标。[2]

（二）会员权救济的合同法基础

契约（合同）在调整商品交换关系、协调合同当事人利益冲突以及当事人与社会共同利益冲突等方面发挥着重大作用，同时也有力地匡扶着社会的公平和正义，推动了社会的进步和发展。[3]公司契约理论认为公司在本质上是一系列契约的连接，科斯认为公司是一种契约安排的选择，麦克尼尔则更加直截了当地表明公司这种组织本身就是契约关系。制度经济学派将公司的治理立于

〔1〕 参见王立：《平等的双重维度：形式平等和实质平等》，载《理论探讨》2011年第2期。

〔2〕 参见［美］约翰·罗尔斯：《正义论》，何怀宏等译，中国社会科学文献出版社1988年版，第25页。

〔3〕 参见赵万一：《民法的伦理分析》（第2版），法律出版社2012年版，第269页。

契约的假设之上，公司治理过程中，关系契约中当事人的权利与义务并不是通过真实的特定合约来加以分配和履行的。[1]相互保险组织与其会员之间的关系基于双方的契约而存在，因此会员权利的享有和实现受到契约法理论保护。会员向相互保险组织投保的同时意味着组织应对其承诺行为承担相应责任，会员彼此之间、会员与主要发起会员之间、会员与经营管理者之间及所有利益相关者之间存在的明示或暗示的契约关系决定了会员在组织中的地位，《民法典》可以为会员权利的正当性提供制度基础，并为权利完善和救济提供解决途径。

1.从契约自由到契约正义

契约的本源“只是一种基于个人交易的辅助伦理或身份伦理”[2]，它“具有世俗特性，隐含了平等、自由和功利等原则”[3]。古典契约模式以契约自由为中心，在契约自由的认识下，大家认为国家对契约保障的最重要任务是以国家强制力对依法自由订立的契约给予切实有效的保护，立法机关的使命是捍卫当事人之间的自由意志。契约自由最早萌芽于罗马法，作为近现代私法的一项基本原则，只要存在商品经济，契约自由就一直被作为契约行为的根本要素。契约自由原则所追求的价值目标是真实的平等、

〔1〕 参见郭富青:《公司权利与权力二元配置论》，法律出版社 2010 年版，第 76~77 页。

〔2〕 张凤阳、李永刚:《契约：交易伦理的政治化及其蔓延》，载《文史哲》2008 年第 1 期。

〔3〕 苏力:《从契约理论到社会契约理论—— 一种国家学说的知识考古学》，载《中国社会科学》1996 年第 3 期。

自由、公平的实现，本质上可以理解为契约自由正义，西方现代契约正义理论是在古典契约正义理论的基础上发展起来的，其突出特点是对古典契约正义理论的修正，虽然也坚持契约自由正义，但是同时又主张对契约自由进行限制，以实现契约的实质正义为目标。[1]

当前社会是“契约”性社会，允许个人自由订立“契约”而为自己创设权利和义务，但当事人之间的契约关系需要在平等主体之间缔结，只有在双方地位对等的条件下，方能形成自由合意的契约关系。[2]现代的契约研究理论认为，契约的基础不能仅限于当事人的合意，还应当包括社会关系及共同体规范。[3]在相互保险组织中，会员加入组织的前提是与组织签订保险合同，合同一旦订立，会员即获得组织赋予其的若干项权利，而组织作为合同相对方就应履行与之相应的义务。苏格兰哲学家索利曾指出，自由和平等之间并不是等价或者因果关系，两者在很多情况下反而会形成对立，究其原因在于对自由的追求和纵容并无法实现主体对平等价值的需求。“传统私法通过契约自由、意思自治原则来保护竞争自由的调整机制却常常导致竞争自由的蜕变，转化成凌

〔1〕 参见胡启忠：《契约正义论》，法律出版社2007年版，第183页。

〔2〕 参见胡启忠：《契约正义论》，法律出版社2007年版，第7页。

〔3〕 参见张凤阳、李永刚：《契约：交易伦理的政治化及其蔓延》，载《文史哲》2008年第1期。

驾于自由之上的私人权力，成为自由企业制度的杀手。”[1]伴随市场经济的发展，契约当事人各方之间的经济地位越来越不平等，仅重视形式上的契约自由势必导致合同订立中处于强势经济地位者在契约签订过程排除对其不利的法律规定的适用，最终缔结的契约反而会对处于弱势经济地位者的权利造成忽视和侵害。当然，在信息高度公开和透明的市场大环境下，相互保险组织中的强势方不会明目张胆地对会员权益进行剥夺，但造成会员权利行使障碍的制度设计会影响会员权的顺利实现，最终强势方还是会达到其对相互保险组织实际控制的目的。因此，现代契约法理论在对私法自治和个人本位认知和坚持的同时，也应当考虑到社会本位的价值，社会公平和公德同样是我们所要实现的价值目标，为实现这一目的，必要时可以对合同自由进行一定程度上的限制。[2]

从本质上说，契约自由并不是无限制的自由，毕竟“自由”不是合同订立的最终目标，而缺乏正义的合同却最终会被撤销或者废止，人们崇尚契约自由是为了契约正义，对契约自由进行限制也是出于同样目的，契约正义是社会正义的重要组成部分，是公众对契约正当性的思考和总结，是社会和谐与稳定的需要。[3]对

〔1〕 单飞跃、卢代富等:《需要国家干预——经济法视域的解读》，法律出版社 2005 年版，第 118 页。

〔2〕 参见崔建远:《合同法》(第 2 版)，北京大学出版社 2013 年，第 17 页。

〔3〕 参见胡启忠:《契约正义论》，法律出版社 2007 年版，第 15 页。

契约自由进行主动的限制和修正，可以阻止市场中强势主体地位的形成，完成实质上的契约自由所最终期望达到的需求和效果，并进而实现主体对契约正义的最终期待。从本质上来说，契约法中要求的契约正义首先要保障当事人在契约签订和履行的过程基于平等和自愿，另外还要求契约内容应当满足公平和诚信的基本要求。[1]相互保险组织会员加入相互保险组织的基础是与组织之间签订保险合同，双方就接受保险服务与承担保险服务的事项达成合意，同时由于会员的双重身份，其在签订合同的同时受相互保险组织章程的约束并享有章程赋予的各项权利并承担相应义务。从域外相互保险机构的立法及相关规定来看，赋予会员更多的契约自由并对其权利内容进行完善是对商事契约理论的秉持，依照契约自由原则的主旨精神，当事人有结合自己的主体意志对合同内容进行选择和确定的自由，或者说双方可以自由协商并创设合同中的权利和义务。但基于目前商事交易便捷的要求，会员与组织经营者签订的保险合同一般均为事先拟定，对会员相关权利的规定完全取决于经营者的单方意志，会员很难对合同条款提出基于自主权利要求的修正意见。而且合同订立后，会员还要受到组织既定章程的约束，即便章程中有不符合会员权利意愿的条款和内容，普通会员也难以及时启动章程修订程序。因此，契约自由虽然在一定程度上可以体现积极性意义，但不受任何约束和限制的

〔1〕 参见王利明:《民商法研究》(第3辑)，法律出版社2001年版，第386页。

契约自由反而有被滥用的可能性，从对契约自由的限制到对契约正义的规定，可以对因坚持契约自由而造成的经济失衡进行补救。正如学者所言："现代契约法的中心问题，已不是契约自由而是契约正义问题。约款内容的规制、消费者保护、对新的契约类型的调整、附随义务理论等与其说是自由的问题，不如说是正义的问题。契约法已从重视其成立转移到重视契约内容上来了。"[1]

2.合同规则视野下会员权的完善与保护范围拓展

(1)相互保险合同中会员权利条款的完善

霍布豪斯指出："就契约而言，真正的自由要求缔约方之间大体上平等。如果一方处于优越地位，他就能够强制规定条件。如果另一方处于软弱地位，他就只好接受不利的条件。这就产生了华尔克的一句至理名言，即经济上的损害倾向于使损害本身永存。一个阶级的地位越是被压得低，它在没有援助的情况下再度崛起的困难也越大。"[2]从目前我国的三家相互保险社推出的部分保险产品来看，在其保险合同条款中基本上仅涉及会员享受保险服务的权利[3]，并未就会员在组织中参与管理类权利在合同内容中进行规定。虽然当前相互保险组织为会员设置的保险合同条款

〔1〕 王晨：《日本契约法的现状与课题》，载《外国法译评》1995年第2期。

〔2〕［英］霍布豪斯：《自由主义》，朱曾汶译，商务印书馆1996年版，第41~42页。转引自赵万一：《民法的伦理分析》（第2版），法律出版社2012年版，第84页。

〔3〕 例如，信美人寿相互保险社推出的"天天向上少儿年金保险"中除涉及会员领取保险金的权利外，就只有解除合同、变更合同及会员可以依据保单贷款的权利；汇友财产相互保险社推出的"建筑工人工资支付保证保险"中除对投保人索赔的权利有规定外，也未涉及其他权利条款。

并不违背我国《保险法》对保险合同内容的强制性规定〔1〕,但股份制保险公司的投保人本质上也只能享有保险服务的权利,与相互保险组织会员的权利要求并不相同,因此当前我国相互保险组织经营中的保险合同条款设计是具有明显缺陷的,完全将会员视同股份制保险公司投保人一般对待将会抹杀相互保险经营中的会员优势。

"在民事关系中,通过合同等私法手段对其他个人所享有的基本权利的侵害,在当代越来越成为基本权利所面临的主要威胁之一"〔2〕,保险合同作为典型的格式合同,本身已经限制了作为缔约相对方的会员在权利行使上的空间,会员与组织签订的保险合同中缺乏与其权利相应的条款意味着当双方就这些权利的实现产生争议的时候,会员无法直接依据《民法典》中的相关规定追究对方的违约责任。〔3〕因此,就会员权利的合同法保护角度而言,相互保险组织与会员签订的保险合同条款中,除应当具备《保险法》第 18 条规定的享受保险服务权外,还应当就会员在组织中应享有的其他权利进行补充性规定,会员的表决权、选举权与被选举

〔1〕《保险法》第 18 条第 1 款规定:"保险合同应当包括下列事项:(一)保险人的名称和住所;(二)投保人、被保险人的姓名或者名称、住所,以及人身保险的受益人的姓名或者名称、住所;(三)保险标的;(四)保险责任和责任免除;(五)保险期间和保险责任开始时间;(六)保险金额;(七)保险费以及支付办法;(八)保险金赔偿或者给付办法;(九)违约责任和争议处理;(十)订立合同的年、月、日。投保人和保险人可以约定与保险有关的其他事项。"

〔2〕石佳友:《治理体系的完善与民法典的时代精神》,载《法学研究》2016 年第 1 期。

〔3〕《民法典》第 577 条规定:"当事人一方不履行合同义务或者履行合同义务不符合约定的,应当承担继续履行、采取补救措施或者赔偿损失等违约责任。"

权、批评建议权、监督权及盈余分配权等均应当在保险合同条款中明确列举，只有这样才能从合同法的保护角度实现对会员权制度的完善。

(2)章程契约说下会员合同权利保护范围的拓展

众所周知，公司经营以章程为其活动的基本准则，同时公司从设立到解散过程中的方方面面均须以章程为指导，公司中不同主体的权利、义务及责任也完全以章程为依托。大陆法系和英美法系对公司章程的性质有不同的认识，英美法系学者普遍将公司章程定性为契约的一种，[1]认为章程是公司与股东，甚至是股东与股东之间所默认的契约，依照这种设定方式，公司可以被认定为由若干权利关系组成的权利束；[2]而大陆法系则将公司章程视为自治法规，强调章程是在法律强制性规范指导下制定的自治性规范。依照大陆法系诸多学者的观点，章程条款作为当事人意思自治的体现，应当是所有成员共同一致的意思表示。但现实情况是，不管是在公司还是相互保险组织中，章程在会员入会前均已由组织中以主要发起会员为代表的控制者事先拟定，股东或会员的意思自治只能体现在面对这些条款时享有选择“是”或“否”的权利，对相互保险组织会员而言，只要签订了保险合同就意味着对章程内容的默认，完全无法对章程中影响会员权利实现的条款进行自由选择。

相互保险组织设立的基础条件中对会员的基本要求就是具

〔1〕 参见葛伟军:《英国公司法要义》,法律出版社 2014 年版,第 45 页。

〔2〕 参见胡果威:《美国公司法》,法律出版社 1999 年版,第 152~153 页。

有同质风险保障需求的单位或者个人，通过订立合同方能成为组织会员，而一旦成为会员，除受到保险合同约束外，还要同时遵守组织的章程，也就是说在相互保险组织成立时就应当具有符合法律、法规和《相互保险组织监管试行办法》规定的章程。依照英美法系对章程本质的界定，并结合现代契约理论，将公司章程界定为公司与相对人之间的契约，可以在理论上和实践中体现其积极性意义。依照章程契约论的观点，在相互保险组织中，虽然章程是在组织设立过程中由主要发起会员根据发起情况提前拟定，但会员作为合同相对方同时也具有自主选择保险组织的权利，不接受章程内容约束的主体可以作出其他选择，最终与相互保险组织签订保险合同加入组织的会员必定认可章程契约条款的规定，虽然此过程未能有效体现双方意思表示上的合意，但在将章程视为会员与组织之间合同的情况下，会员享有的权利可以扩展至合同法保护范围内。也就是说，此时除了保险合同中对会员享受保险服务权的规定外，章程中规定的其他财产性和非财产性权利也可以被视为合同权利。依照这一解释理论，当会员基于章程享有的权利受到侵害时，其除可以要求组织或者其经营管理人员承担侵权责任外，还可以要求对方承担违约责任。

（三）会员权救济的侵权法依据

侵权法律制度的基本目的在于矫正被颠覆的平衡，因此当既有的法律秩序遭到破坏或者权利主体的利益实现受到干扰时，担当矫正功能的侵权法便会出现，以维护既有的利益格局。[1]从实证法的角度而言，权利法立法与侵权法之间属于承接关系，权利法立法作为侵权法的起点出现，而侵权法的目的是实现权利法中确立的标准和要求，当然，权利法立法过程中也要兼顾侵权法的相关规则。[2]根据我国《民法典》侵权责任编的相关规定，侵害民事主体的民事权益的，应当依法承担侵权责任，被侵权人有权就民事权益被侵害的事实请求侵权人承担侵权责任，据此规定，会员可以在其权利受到侵害时要求侵权者承担赔偿责任。

1.相互保险中的分配正义与矫正正义

古希腊哲学家亚里士多德将正义进行了分类，他认为分配正义是对财富、荣誉、权利等有价值的东西进行分配，分配过程应当依据一定的标准，需要同时满足平等对待和区别对待的基本条件和最终效果，即给每个人以其应得；与之对应，矫正正义涉及对被侵害的财富、荣誉和权利的恢复和补偿。简言之，通过由伤害者对受害者进行补偿的方式将社会秩序恢复至最初状态。虽然矫正正义的思想起源于远古时代的同态复仇，但经过亚里士多德的阐述后，矫正正义成为现代侵权制度的立法基础。矫正正义可以在不公或者伤害发生后将不利情况矫正至常态，能够使受害人及获益人均恢复至伤害前或者不公正获益前的起点状态。[3]当然，矫

〔1〕 参见胡果威：《美国公司法》，法律出版社1999年版，第152~153页。
〔2〕 参见叶金强：《论侵权法的基本定位》，载《现代法学》2015年第5期。
〔3〕 参见易军：《民法公平原则新诠》，载《法学家》2012年第4期。

正正义作为侵权法中抽象的、方向性的指引，多数情况下只能作为宏观上的指导原则，为实践操作提供理论支持，作为基本正义类型之一，矫正正义不可能被具体化运用和展开。

矫正正义可以维护分配正义所形成的格局，分配正义之中的价值需要通过矫正正义来实现。相互保险组织会员应当享有的权利也可以适用分配正义理论进行解释，组织设立和经营涉及不同的主体，这些主体有各自的权利要求，会员应当享有的权利与其在相互保险组织中的定位相关，毕竟相互保险组织与股份制保险公司最为主要的差异之一即会员在组织中不同的身份和地位。组织中的其他主体也基于其在组织中的作用和地位享有一定的权利，至于这些主体在权利行使中出现的越界情况，虽为立法者所预期但不为其所希望。因此，在组织中的这些不同主体之间出现权利冲突的情况时，基于矫正正义理念可以对分配格局被破坏的关系进行处理，此时可以通过侵权法的适用对秩序的混乱状态进行矫正，进而修复被颠覆的平衡。〔1〕

当社会成员违反分配正义的规范时，矫正正义便可以开始发挥作用，具体可以通过要求一方对过失作出赔偿或者通过剥夺一方当事人的不当得利的方式实现。〔2〕在相互保险组织经营的过程中，虽然奉行私法自治的原则，但立法者和监管者还是结合组织相应主体的权利需求为其划分出了不同的权利区间，当然这些权

〔1〕 参见叶金强：《论侵权法的基本定位》，载《现代法学》2015 年第 5 期。

〔2〕 参见郑也夫：《信任论》，中国广播电视出版社 2001 年版，第 281 页。

利区间之间不可能完全地泾渭分明，在某些情况下也会出现交叉和重叠的特殊情况，此时势必是组织中处于弱势一方的会员权利更易受到忽视和侵害。当权利要求不同的主体针对权利的分配和实现发生争议时，权利受到侵害的一方可以提起侵权诉讼，通过国家强制力将权利恢复到正常状态。毕竟“当事人的意思自由只是在国家设立的高低不同的栅栏中流动，私法自治的领域，事实上自始充满了各种国家强制力。”〔1〕这样才能真正实现我国《民法典》所规定的对民事主体的合法权益进行有效保障、对不法侵权行为进行预防并制裁，最终促进社会和谐稳定的建设目标。

2.侵权责任方式与归责原则

在现代汉语中，责任的含义有二：一为分内应做的事；二为做不好分内应做的事而应该承担的过失。当责任人构成对会员权利的侵害时，侵权人将承担与其所实施的侵权行为和救济侵权行为相适应的民事责任方式。从抽象意义上说，侵权责任方式就是侵权法规定的侵权人实施侵权行为所应当承担的具体的法律后果。〔2〕相互保险组织会员在组织中享有相应权利，与此相对应，组织中就应当有适当的制度设计和措施来保障会员权的实现，否则当会员权受到侵害时组织应就此承担与之相应的赔偿责任。现代侵权责任的核心理念以体现对受害人的救济为中心展开，其基本价值理念是通过对受害人损害进行救济和补偿的方式来保障个体

〔1〕苏永钦：《走入新世纪的私法自治》，中国政法大学出版社 2002 年版，第 3~4 页。
〔2〕参见杨立新：《侵权责任法》（第 2 版），法律出版社 2012 年版，第 136 页。

私权利的实现，进而体现民法中彰显的人文关怀精神，侵权责任制度通过对人身权的优先保护、对受害人的全面救济等具体制度的设立来实现这一目标。[1]通常情况下我们以财产类型责任、精神类型责任和综合类型责任来区分具体实践中侵权人需要承担责任的方式，针对相互保险组织中具有复合性权利的会员主体，其可以根据权利侵害的具体情况有选择性地要求组织或组织控制者侵害人承担相应的侵权责任。

归责原则，是指针对损害事实已经发生的情况，确定侵权人是否应当对其行为及其所管领下的人或物造成的损害承担赔偿责任的一般准则。[2]以过错作为规则基础和核心的过错责任原则是我国侵权责任理论的基本归责原则，也是最主要的归责原则，《民法典》中规定的行为人因过错侵害他人民事权益时应当承担相应的侵权责任，即为对该原则的认可。过错责任原则适用于一般侵权行为，但是适用过错原则在举证责任上应按照“谁主张，谁举证”的民事诉讼的基本规则进行，否则原告会因举证不足和举证不能承担败诉后果。在相互保险组织中，会员在组织中的弱势地位和经营信息的不对称现状决定了他们在收集证据上的困难，因此在其权利受到侵害时，要求其对组织和经营管理者的侵权行为承担全部的举证责任，超出会员的能力范畴，此时采取兼顾会员

〔1〕 参见王利明:《侵权责任法与合同法的界分——以侵权责任法的扩张为视野》，载《中国法学》2011 年第 3 期。

〔2〕 参见杨立新:《侵权责任法》(第 2 版)，法律出版社 2012 年版，第 64 页。

立场的过错推定原则更为符合侵权法理念。

依照我国《民法典》的规定[1]，过错推定原则，是指针对法律规定的特定情形和场合，根据损害事实来推定加害人的过错进而确定由其承担赔偿责任的归责原则。[2]过错推定责任介于过错责任和无过错责任之间，通常针对的是不符合无过错责任要求的特殊条件，但适用过错责任又过分加重被侵权人的举证负担的情况适用。[3]当会员与相互保险组织之间就权利的侵害产生争议时，适用过错推定原则可以免除受害人（会员）的举证责任，如果侵害会员利益者无法证明自己对现有的侵害不存在过错，那么就可以结合侵害事实来推定其存在过错，并要求侵害会员利益者针对其侵害行为承担相应的赔偿责任。虽有学者认为过错推定原则本质上并未脱离过错责任原则的窠臼，只是行为人的过错是通过“推定”的方法认定的，因为只有适用过错推定确定行为人的过错，方能实现要求过错责任承担的目的，所以过错推定规则是适用过错责任的前提，最终还是要落到过错原则的适用上，[4]但结合对相互保险组织会员的保护目标来看，采用过错原则和过错推定原则时完全不同的举证方式带来的是截然不同的效果。因此无论学界

〔1〕 我国《民法典》第 1165 条第 2 款：“依照法律规定推定行为人有过错，其不能证明自己没有过错的，应当承担侵权责任。”

〔2〕 参见杨立新：《侵权损害赔偿》（第 5 版），法律出版社 2010 年版，第 74 页。

〔3〕 参见魏振瀛：《侵权责任方式与归责事由、归责原则的关系》，载《中国法学》2011 年第 2 期。

〔4〕 参见王利民、郭明龙：《民事责任归责原则新论——过错推定规则的演进：现代归责原则的发展》，载《法学论坛》2006 年第 6 期。

对侵权法中的归责原则如何理解和归纳，针对相互保险组织这一经营形式而言，最终还是应当从保护会员这一处于弱势地位主体权利的实现和救济的目的出发，减轻其在权利受到侵害时的举证责任。

3. 侵权责任和违约责任的竞合

根据我国《民法典》的规定，当事人一方不履行合同义务或者履行合同义务不符合约定的情况下应当承担违约责任，同时现代侵权责任制度的适用范围也日趋扩张，随着新的责任制度和理论的不断发展，侵权法的功能和作用也有日益强化的趋势，相互保险组织中的会员权受到侵害时也可以根据《民法典》侵权责任编的相关规定要求组织或相关责任人承担侵权赔偿责任。[1]因此，实践中会出现针对同一侵害会员权利的行为，既可以追究侵害人的违约责任，也可以追究相对人的侵权责任的情况，在这种情况下就产生了违约责任与侵权责任的竞合问题，此时采取哪种责任承担方式对会员或法院都是需要衡量的问题。

侵权法与合同法存在诸多差异，合同法在于规定事前约束，侵权责任法则是对被侵权人事后的补救；合同制度立法的目标在于促进个人利益的进一步发展，侵权法理论的根本目标是保护生命和财产；合同制度是生产性的，侵权法制度是保护性的。[2]因

〔1〕 参见王利明：《建立和完善多元化的受害人救济机制》，载《中国法学》2009 年第 4 期。

〔2〕 参见叶金强：《论侵权法的基本定位》，载《现代法学》2015 年第 5 期。

此，从理论上说，所有对权利的侵犯都可以适用侵权责任制度进行保护，但是会员与组织间合同关系的存在也同时为违约责任的适用提供了选择空间。基于私法自治原则，当相互保险组织中对会员权利的侵害承担出现违约责任和侵权责任竞合的情形时，应当可以允许会员结合其权利义务自主决定对方的责任承担方式，由当事人选择追究相对方的何种责任以体现对当事人意思的尊重。违约责任与侵权责任竞合的处理原则中隐含着价值判断的法技术安排，不可否认，侵权责任法在适用范围上的扩张对保护受害人权益是有利的，并且此过程能够体现对受害人的有效救济，但是也不能据此无限制地扩张侵权责任法的调整范围，应当结合具体情形来判断是否需要选择适用侵权责任，以实现对当事人权益更为全面的保障。[1]

以私法自治为基础和核心来制定的我国合同法律制度部分，从本质上体现了以合同当事人自主意志为中心的保护主旨，其利益保护的核心是对合同债权的保护；而侵权责任制度以绝对权为主要保护对象，其立法目的主要是救济合同外的私权。因此，在处理责任竞合问题时，应当明确不同责任承担方式背后所蕴含的不同价值理念，尽可能尊重私法自治和当事人的选择，即使是在当事人没有作出选择的情况下，也应当结合具体情况，比较两种立法制度的价值和功能，最终确定较为有利于保护受害人利益的

〔1〕 参见王利明：《侵权责任法与合同法的界分——以侵权责任法的扩张为视野》，载《中国法学》2011 年第 3 期。

责任承担方式。[1]从严格意义上来说，只有会员加入相互保险组织时签订的保险合同中规定的权利要求才属于我国《民法典》保护的范畴，但由于当前相互保险组织保险合同条款的设计缺陷，会员的诸多权利无法在合同条款中予以体现。以信美人寿相互保险社推出的会员保险产品“天天向上少儿年金保险”为例，在该保险的保险条款中，仅针对保险消费者享受保险服务的权利也就是保险金赔付请求权作了相关规定，除此之外并未在合同中涉及购买会员产品的会员应享有其他诸如参与组织管理和分享盈余的权利的规定。[2]因此，针对保险合同中并未涉及的其他会员权利的保护和救济问题，只能选择追究对方的侵权责任，仅在会员针对保险金求偿的权利受到侵害时才具备可以同时追究违约责任和侵权责任的条件，此时会员当然可以选择对自己的权利保护最为有利的责任追究方式。

但依照章程契约说的观点，相互保险组织章程也可以被视为组织与会员之间达成的具有契约性质的协议，双方均要受到这一契约的约束。此时会员基于章程享有的权利也相应具备了合同属性，因此同样可以适用《民法典》进行保护。依照该解释方式，侵权责任与合同违约责任的竞合范围也会大幅度扩张，甚至可以完

〔1〕 参见王利明：《侵权责任法与合同法的界分——以侵权责任法的扩张为视野》，载《中国法学》2011 年第 3 期。

〔2〕 信美人寿相互保险社对会员产品的解释为：（本社）长期（保险期间超过一年或者保险期间虽不超过一年但含有保证续保条款的）保险产品。

全覆盖会员权利的整个范围。该解释理论似乎为当事人选择具体责任承担方式带来了困扰，但是如果借鉴王利明教授提出的根据个案确定最有利于保护受害人的责任选择方式，可以顺利解决此时的责任选择难题。对会员合同权利的扩张性解释可以为会员在权利受到侵害时提供更多的救济方式选择途径，法院在这种情况下也应当针对实际情况作出最能够契合会员权利保护的裁判，因此责任承担方式的竞合看似是复杂的理论问题，但并不影响会员权利保护的最终实现效果。

二、相互保险组织会员权救济途径

法律救济包含以下几层含义：第一，法律救济意味着权利冲突或纠纷的解决；第二，法律救济意味着解决冲突或纠纷的目的之一是实现合法权利，并保证法定义务的履行；第三，法律救济意味着通过对冲突或纠纷的解决过程实现对权利实现及义务履行的保障，确保当事人制度层面的权利能够转化为现实的能够体现和保护其利益的权利。法律救济的过程体现了规范权利向现实权利转化的具体表现。[1]针对相互保险组织及其董事和经营管理人员对会员权的侵害，会员可以采取自力或是公力救济措施。另外，对组织内部权利设计的完善也可以在事前预防其他主体对会员权

〔1〕 参见程燎原、王人博：《权利及其救济》（第 2 版），山东人民出版社 1998 年版，第 358~361 页。

的可能性侵害。

(一)制度层面的预防性救济

1.组织内部监督的强化

“一切有权力的人都容易滥用权力,这是万古不易的一条经验。有权力的人们使用权力一直到遇有界限的地方才休止”,“从事物的本质来说要防止滥用权力,就必须以权力约束权力”。[1]对组织内部监督机制的完善可以对组织控制者形成反向的权利制约,防止其控制性权力的滥用。

(1)独立董事的监督

会员代表进入董事会与主要发起会员平分秋色是对主要发起会员控制下的相互保险组织最强有力的直接监督方式,但从国外相互保险组织发展经验来看,这种方式的实践难度很大。虽然表面上相互保险组织会员可以通过在会员(代表)大会行使表决权的方式来选举其满意的董(监)事,但“一人一票”的貌似公平的投票机制很难使会员获得能够对董(监)事进行选择或替换的多数投票。为解决这一问题,国际上更通行的做法是在相互保险组织董事会中引入比公司类型保险机构中更大比例的独立董事,独立董事在董事会中占据较高席位是相互制保险公司治理民主

〔1〕［法］孟德斯鸠:《论法的精神》(上册),张雁深译,商务印书馆 1961 年版,第 116~117、154 页。

和公平的现实体现，可以从根本上影响董事会的具体决策。[1]能够独立履行职责的独立董事的加入可增强对其他非独立董事成员的监督，避免受到组织中主要发起会员、经营管理人、债权人以及其他与相互保险组织存在利害关系的单位或个人的影响。我国 2001 年在上市公司中确立了独立董事制度，但由于我国当前公司中的独立董事是由董事会提名，并由股东会选举产生的，公司中掌握实际控制权的控股股东完全可以凭借其在公司中的优势地位对独立董事进行初步筛选，最终选择出自己心仪的人选担任独立董事，此种情况下很难保证该独立董事在公司决策中的独立性。另外，独立董事的薪酬问题也是具有争议性的难题，薪酬过低难以激发独立董事的工作积极性，导致其也许不愿在工作上花费太多时间和精力；反之，如果给予独立董事的薪酬过于慷慨，他又可能会出于对失去好职位的担心而不愿在董事会决议过程中反对其他董事和高级管理人员的意见，最终只能沦为董事会中的"花瓶"。[2]

在组成公司的众利益主体中，独立董事最有可能代表的是有权任免独立董事并决定独立董事薪酬者的利益，或者说最有可能与其激励相容。可见，独立董事制度设想受到现实的冲击，发生

〔1〕 参见方国春：《我国相互制保险公司治理主体权利与配置研究》，载《保险研究》2016 年第 8 期。

〔2〕 参见［美］弗兰克·H. 伊斯特布鲁克等：《公司法的逻辑》，黄辉编译，法律出版社 2016 年版，第 352 页。

了扭曲，独立董事并非天然与公司中小股东的利益完全一致。虽然独立董事在我国上市公司中的作用频受质疑（诸多学者认为独立董事机制在其制度起源国美国也算不上成功），但是该制度的设计初衷并没有问题，在相互保险组织董事会中引入与其他董事没有利害关系的独立于组织的专业人士作为中立仲裁者可以缓和主要发起会员和会员之间的矛盾，其制度设计价值是让独立董事作为组织会员的利益代言人去制衡组织的实际控制者。相互保险机构中的所有权结构和董事会组成应该是互补的，限制性更强的控制要求（类似于股份公司中的敌意收购、机构投资者的监督或高管股票期权计划）可以提高机构中作为独立董事的董事会成员的边际产量。〔1〕在行使职权时不受管理层权力限制的独立董事可以缓解相互保险组织中的经理人控制难题；可以借助担任独立董事的保险行业专家、互联网技术专家、高校教授、精算师等所具备的专业知识背景，对于组织中涉及盈余分配、分红设计、管理层变动等情况的决策性事项发表独立的具有针对性的意见，防止投保人与管理层之间的争议和矛盾激烈化。〔2〕结合我国相互保险组织发展的现状，我们需要制定更为透明化的实施方式使得这种制度趋于完善，例如，可以通过设立独立董事备选名册、由国家金融监

〔1〕 See David Mayers, Clifford W. Smith, *Compensation and Board Structure: Evidence from the Insurance Industry*, 77 Journal of Risk and Insurance 132（2010）.

〔2〕 参见沈健、杜鹃:《相互保险组织与股份保险公司效率比较：国外文献综述》，载《南方金融》2017 年第 2 期。

管总局推荐并由会员投票决定独立董事人选的方式保障独立董事初步独立性。另外，可由相互保险组织向国家金融监管总局上缴独立董事管理基金，由国家金融监管总局根据独立董事参加股东会频率及质量来发放其薪金。如此一来，可以使独立董事摆脱组织控制者控制而拥有名副其实的独立性，从而发挥其对组织经营和董事决议更好的监督作用。

(2)监事会制度的完善

现代公司制度中的监事会制度是以公司决策、执行、监督等活动形成的内部制衡机制中不可缺少的组成部分，作为公司治理结构的重要组成部分，监督权的行使是保障现代公司良性运转的必要条件。[1]我国《公司法》中对监事会的职责进行了规定[2]，监事会的独立性是其能够有效行使监督权能的必要前提和基本保障，我国传统公司中监事的选择方式(职工监事和股东监事)使其极易受制于董事会，从而丧失独立性导致监事无法正常行使监督权，独立董事制度的引入也是出于弥补监事会在公司中独立性

〔1〕 参见郑云瑞:《公司法学》，北京大学出版社 2016 年版，第 401 页。

〔2〕 《公司法》第 78 条规定:“监事会行使下列职权:(一)检查公司财务;(二)对董事、高级管理人员执行职务的行为进行监督，对违反法律、行政法规、公司章程或者股东会决议的董事、高级管理人员提出解任的建议;(三)当董事、高级管理人员的行为损害公司的利益时，要求董事、高级管理人员予以纠正;(四)提议召开临时股东会会议，在董事会不履行本法规定的召集和主持股东会会议职责时召集和主持股东会会议;(五)向股东会会议提出提案;(六)依照本法第一百八十九条的规定，对董事、高级管理人员提起诉讼;(七)公司章程规定的其他职权。”同时在第 79 条补充规定:“监事可以列席董事会会议，并对董事会决议事项提出质询或者建议。监事会发现公司经营情况异常，可以进行调查;必要时，可以聘请会计师事务所等协助其工作，费用由公司承担。”

欠缺的目的。从立法角度来看，公司中的监事会具有强大的监督权限，监事会在公司中的监督职能体现在从财务到管理等各个方面，对董事会和股东会也体现了掣肘作用。但实践中我国公司经营中监事会的功能屡遭诟病，有学者认为，“监事会是形式上的摆设，监事会完全虚化，并无实质意义”〔1〕。许多监事既没有经营管理知识，也缺乏法律、财务会计业务能力与经验，从现有实践情况看，我国大型公司中几乎没有哪一个企业的治理问题是由监事会发现的。

《相互保险组织监管试行办法》中对组织中的监事进行了规定〔2〕，鉴于我国目前相互保险组织的发展还处于初级阶段，未来能发展到何种程度和规模尚无法预期，组织监事会的设置可以适当参考股份制保险公司中监事会设立的实践经验，对大型的相互保险公司或相互保险社而言，当然应当设置与其规模相适应的监事会；但如果是中小型的保险合作社类组织，可仅设置个体监事。无论在相互保险组织中承担监督职能的是监事还是监事会，在会员权利的实现和保护上均应体现其积极作用。结合我国《公司法》中的相关规定，监事和监事会有权对董事及高级管理人员执行公司职务的行为进行监督，对违反相关规定侵犯会员正当权

〔1〕 郑云瑞：《公司法学》，北京大学出版社2016年版，第402页。

〔2〕《相互保险组织监管试行办法》第7条第4款规定：“设立一般相互保险组织，应当具备以下条件：……（四）有具备任职所需专业知识和业务工作经验的董（理）事、监事和高级管理人员……”

利实现的董事和高级管理人员可以提出罢免建议(当然罢免建议最终还是要提交董事会,监事会无权直接执行)。鉴于相互保险组织与股份制保险公司在设立和经营中的不同之处,组织内监事会的设置方式与股份制保险公司可以有所不同,从本质上而言还是应保障其独立性,除监事会成员的组成应包括相应比例的会员及职员代表外,还可以在相互保险组织监事会中引入外部监事的设置。

外部监事制度是由外部聘请的相关人员加入公司监事会担任监事的制度,该制度可以从提高监事独立性的角度对我国监事会监督能力薄弱的现状进行弥补。保险公司中设置外部监事的制度起源于日本,《日本保险业法》在第 53 条中规定,设置监事会的相互保险公司,监事不得少于 3 人,且半数以上须是外部监事。该制度的优势在于公司可以选择具有相关从业经验(法律、会计或审计等)的专业人士担任外部监事对公司事务进行监督,外部监事不参与公司事务并且与公司无利益纠葛(如不持有公司股票等)以保障其独立性,维护相互保险公司社员利益并健全监事会的监督机制。虽然我国《公司法》中并未规定外部监事制度,但我国目前的相互保险组织可尝试采取由外部监事参与的监事会组成模式,防止现实中监事会监督职能的虚置。当然,具体到实践中,可以结合组织规模和董事会人数适当配置外部监事人数,经营规模较大、会员人数较多、董事人数较多的相互保险组织可相应增加监事人数。就目前成立的 3 家相互保险社来看,监事会人数安排均较为灵活，其中信美人寿相互保险社采取的是由出资人监事、外部监事及职工监事共6名监事共同组成监事会的模式，众惠财产相互保险社的监事会设置与信美人寿相互保险社结构相同，只是人员缩减为3名，汇友财产相互保险社的监事会则由1名外部监事及1名职工监事共同组成。[1]从功能与作用上说，外部监事制度与独立董事制度具有相似性和互补性，由于双方关注与侧重的领域不同，并不存在真正意义上的权利冲突，从维护会员权利的角度来说，运行良好的独立董事和外部监事制度设计可以分别从事前和事后两个方面对组织管理层有可能损害会员利益的行为决策进行监督和矫正，共同保障会员在组织中正当权利的实现。

2.外部监管措施的完善

对于股份制保险公司来说，资本市场将公司的经营业绩清晰地展现在社会公众面前，股票价格的高低完全可以反映公司的经营情况，同时，公司的信用评级也与公司的经营情况息息相关，经营不善会直接导致信用评级机构对公司的信用评级降级，影响公司在社会公众心目中的形象。游离于资本市场之外的相互保险组织目前主要处于自律状态，对与其发展相适应的监管指标的选取及限定、相互保险组织经营范围的限定、盈余资金分配、聚集的风险转移等问题均需要时间研究并试点推行。在我国相互保险组织

〔1〕 数据来源为2024年6月1日3家相互保险社官网最新治理结构信息公示。

发展过渡期间，外部监管的缺位可能导致相互保险组织的风险过于集中，从而产生组织的偿付能力不足等问题的产生。[1]从《相互保险组织监管试行办法》第37条的规定可知，我国目前的相互保险组织与股份制保险公司均由保险监管部门担任其主管机关，主要从组织的设立与变更、董（监）事及高级管理人员资格审批、资金运用与信息披露合法性及组织偿付能力等与金融秩序稳定息息相关的具体事项角度进行监管。针对组织经营的外部监管措施，主要体现在以下几个方面。

（1）加强信息披露

在权利高度分散的企业里，信息不对称是商业风险形成的主要原因之一，要想把代理人成本控制在一定的范围内，关键要具备以下几方面成熟的条件——严格的会计标准、全面的信息强制披露制度、禁止内幕交易制度、鼓励派生诉讼的程序规则以及发达的金融新闻媒体。[2]公司治理过程中的信息披露可以有效平衡各种内部关系，能够在完善公司内部监督约束机制的同时通过对公司代理人的监督防止内部人控制问题。[3]如果相互保险组织的经营基本情况缺乏透明性和公开性，在其经营规模扩大到一定程

〔1〕 参见牛雪舫：《论我国相互保险组织内部治理改革》，载《保险职业学院学报》2018年第2期。

〔2〕 参见亨利·汉斯曼：《企业所有权论》，于静译，中国政法大学出版社2001年版，第87页。

〔3〕 参见宁杰：《我国非上市国有公司信息披露制度构建探讨》，载《郑州大学学报（哲学社会科学版）》2017年第3期。

度后，组织的经营和管理权移交到少部分的经营管理者手中，往往造成没有经营管理实权的会员并不清楚自己拥有所有权的相互保险组织的实际经营状况，对保险组织的盈亏情况、经营利润如何分配情况一无所知，进而会产生对相互保险组织及管理者的质疑。尤其是在相互保险组织兼营相互制保险产品和非相互制保险产品时，如何在维护相互制保险保单所有人利益的情况下，不损害非相互保险产品保单持有者的利益，成为组织经营中的难题。〔1〕

根据《美国加利福尼亚州保险法》的规定，该州的相互保险机构需要在每年 3 月 1 日之前按要求制作并向保险监督官提交上一年度的报告，年报披露的财务信息须经审计；每一年度在规定日期当天或之前，在该州营业的每家保险公司需要制作并向保险监督官提交符合形式要求的季度报告，该报告需呈现从当年年初开始到每个季度末保险公司的资产状况和经营成果。〔2〕2017 年 3 月，原中国保监会发布的《关于加强相互保险组织信息披露有关事项的通知》从组织治理、经营管理、董（监）事及高级管理人员、监管措施等方面明确了相互保险组织信息披露标准。针对相互保险组织会员即是其所有人的本质特点，要求相互保险组织除

〔1〕 参见牛雪舫:《论我国相互保险组织内部治理改革》，载《保险职业学院学报》2018 年第 2 期。

〔2〕 参见李敏:《相互保险组织的治理介绍》，载彭冰主编:《法律与新金融》2016 年第 2 辑，法律出版社 2018 年版。

了披露上述信息外，对组织的经营管理情况、盈余分配方案也要定期披露，以充分维护会员的双重权益要求。强制性的相互保险组织信息披露要求可以对会员在组织中的信息不对称劣势进行矫正，或许缺乏参加组织治理动机的会员不会详细阅读那些枯燥的，技术性很强的披露文本，但完善的信息披露制度可以使相互保险组织处于公众监督之下，可以有效防止内部人控制问题，对会员而言也可以降低其参与监督组织管理的潜在成本。为保证信息披露过程的真实性、及时性和重要性，可以在相互保险组织中设立专门的机构，通过定期向会员和社会公布组织经营结构、资产及偿付能力等信息的方式加强组织经营和决策的透明度。除此之外，相互保险组织还应当通过定期召开经营情况说明会、会员沟通会，以及接受会员上门调研咨询等形式加强与会员的沟通交流，充分保障组织会员的信息知情权。

（2）控制资金运用途径

无法构建风险充分分散化的投资组合决定了相互保险机构在风险承受方面的薄弱性，所以通常情况下相互保险组织的投资方向较保守，更为偏好安全性较高的无风险或低风险投资。[1]为了降低相互保险组织资金风险，原中国保监会在《相互保险组织监管试行办法》中对组织资金运用进行了严格规定，根据该办法的规定，我国一般相互保险组织的资金实行全托管制度；专业性、区

〔1〕 参见张楠楠：《相互保险：经济学角度的再观察》，载《中国保险》2015 年第 12 期。

域性相互保险组织可以自行投资但资金运用途径仅限于银行存款、国债及其他保险监管部门认可的低风险固定收益类产品和保险监管部门批准的其他形式(经保险监管部门认可的专业性投资机构除外)。其原因在于,如果不对相互保险组织的资金运用途径加以严格控制,控制者为证明其管理能力,极易受到营利性公司经营方式的影响而倾向于选择高回报同时伴随高风险的投资项目,此时对会员而言增加了资金池风险,违背了相互保险"互助"性的设立初衷。就我国目前已获得牌照的三家相互保险组织来看,其均属于专业性的相互保险组织,资金运用方式在投资自主性方面有很大的拓展空间。虽然国外的相互保险公司为了增加公司资产积累以提高抗风险能力,近年已逐渐放宽对股票、房地产以及衍生工具类等资产的投资,但对我国刚起步的相互保险组织的经营来说,对这些方面的投资还是应该秉持较为谨慎的态度,组织发展初期的投资策略应以稳健为主并严防资金链断裂。

(二)诉讼程序启动救济

诉权作为国家公权力进入公民私权空间的合法入口,是国家通过立法赋予自然人或组织的,通过启动国家公权力保障系统对主体间的私权纠纷进行救济的权利,民事诉权是国家以公法形式赋予当事人的一种程序处分权。[1]依前文所述,相互保险

〔1〕 参见冉思东:《民事诉权制度:一种私权的公力救济》,载《现代法学》2007年第2期。

组织会员依法应当享有诉讼权，结合我国《民事诉讼法》第3条规定的“人民法院受理公民之间、法人之间、其他组织之间以及他们相互之间因财产关系和人身关系提起的民事诉讼”，当组织中的制度安排及监管措施无法阻止会员权受到侵害的事实出现时，作为最后的权威救济方式，会员可以向法院提起诉讼，通过诉讼权的行使来实现对会员其他权利进行救济的目的。诉讼机制的优势突出，包括权威性、终局性等特点都是当事人选择适用其解决纠纷的重要理由，适用诉讼机制对保险合同纠纷进行解决是在国家强制执行力依托下的最后一道防线，该机制所具有的规范性与强制性也成为保险消费者选择诉讼途径进行权利救济的重要理由。[1]会员在组织之中享有的双重权利决定了这些权利对应的不同诉讼救济方式，针对会员享有的“客户”性权利，可以参考我国针对股份制保险公司中对保险消费者保护和救济的相关内容。对保险消费者而言，保险人作为合同相对方，其提供的保险产品和服务以包含大量专业术语的保单为基础，与其他具体化、有形化的商品相比，保险产品与服务本身所具有的专业化和技术化特性使保险消费者在契约关系中处于明显劣势地位，很难对其所消费的保险产品和服务有深入全面地了解。[2]这种情况下，作为“客户”的会员可以依据与保险

〔1〕 参见张萌：《保险纠纷解决之多元化机制研究》，哈尔滨工业大学2017年硕士学位论文，第133页。

〔2〕 参见李华、马辉：《论我国保险消费者权益保护制度之完善》，载《南京社会科学》2014年第2期。

组织之间签订的保险合同内容，针对其享有保险服务权的受侵害情况向保险人提出赔偿请求，诉请法院要求保险人承担违约责任。

针对相互保险组织会员的“股东”性权利的救济则相对复杂，会员可以针对不同权利的侵害主体和方式提起直接诉讼或者是派生诉讼。直接诉讼针对的是董事、高级管理人员的不当行为（违反法律、行政法规或者公司章程等）所造成的对会员权侵害的情形，此时会员可以首先选择与组织进行协商（非前置程序），如果不能就损害赔偿达成一致意见，可以直接向法院提起诉讼。与直接诉讼不同的是，公司中的股东派生诉讼是一项股东参与公司经营管理的权利，是一种固有的、共益性质的股东权。[1]结合我国《公司法》第188条的规定，派生诉讼针对的“董事、监事、高级管理人员执行职务违反法律、行政法规或者公司章程的规定，给公司造成损失”的情形，此时股东可以出于追究这些成员责任或保护会员权利之目的代表公司提起诉讼。派生诉讼原权利属于公司，即公司作为一个独立的法律实体对自身所遭受的侵害主张救济权或采取其他符合公司利益的措施，即便是因公司受到控制人的控制没有及时采取救济手段，股东也必须通过前置程序请求公司董事会重新考虑是否采取相应的措施对公司受损的利益进行救济，只有当公司拒绝股东或董事的请求时，股东或董事才具备提

〔1〕 参见胡宜奎：《股东代表诉讼诉权的权利基础辨析——兼论我国股东代表诉讼制度的完善》，载《政治与法律》2015年第9期。

出派生诉讼的资格。[1]美国公司中的股东派生诉讼已成为股东对公司经营进行监督并且预防公司经理人经营权滥用的重要救济手段。[2]当相互保险组织受到类似侵害时，会员同样可以基于权利保护需求代表组织提起派生诉讼，以此方式实现对其权利的间接保护和救济。当然，会员享有的诉讼权并不是其所具有的唯一的权利选择途径，会员针对其权利侵害还可以通过申请仲裁、选择调解等方式救济，且此类救济方式在逻辑上和时间上要优先于诉讼方式的选择。[3]

（三）其他机构补充救济

针对相互保险组织会员权遭受侵害的情况，除上述的制度性预防措施和诉讼选择方式外，还可以采取其他的非讼方式对权利侵害进行救济。“诉讼通常意味着公平价值得到了重视，但它往往是建立在复杂的程序架构和冗长的程序进程的基础之上，为了获得较高程度的公平裁决，法院不得不谨小慎微以确保整个案件事实能够在学理上经过严格推敲的程序规则的过滤，以此达到立法的品质要求。”[4]可见，法院诉讼程序因制度特征导致

〔1〕 参见郭富青：《论股东派生诉讼中权利配置与利益平衡》，载《西部法学评论》2010年第5期。

〔2〕 参见张华荣：《股东不能同案提起股东派生诉讼和股东直接诉讼》，载《人民司法》2012年第10期。

〔3〕 参见冉思东：《民事诉权制度：一种私权的公力救济》，载《现代法学》2007年第2期。

〔4〕 冉思东：《民事诉权制度：一种私权的公力救济》，载《现代法学》2007年第2期。

的时间和成本问题难以及时解决当事人具有紧迫性的保险救济需求，并且通过诉讼对抗来解决相互保险组织与会员之间的纠纷不利于从根本上对双方之间矛盾和冲突的化解。无论是会员的“股东”身份还是“客户”身份，均对应相应的正当权益诉求，非讼权利救济途径主要针对的是保险消费者与相应保险机构之间的矛盾冲突调处，因此更为体现对会员“客户”性权利的保障和救济。

1. 保险监管部门的介入救济

我国保险监管部门的主要职能是在国务院的授权下，依照法律和法规规定对国内的保险市场进行监督，通过其行政职能的履行来保障我国保险业的稳态运行。目前是由国家金融监督管理总局下设的金融消费者权益保护局对保险消费者的正当权益制定具体发展规划，建立健全保险消费者权益保护制度，构建保险消费者投诉处理机制和保险消费纠纷多元化解机制。因此，当相互保险组织会员的正当权益受到组织或者是组织管理者侵害时，会员可以通过我国金融消费者权益保护局为保险消费者设置的投诉渠道申请对其权利进行救济。当然，由于我国保险监管机构属于行政机关，其履行的是对保险业的行政管理职能，因此针对会员围绕权利侵害的投诉，保险监管部门只能通过对保险公司偿付能力和市场行为等的监督管理来保护保险消费者的合法权益，并非直接对保险纠纷在实体上进行调解，而是间接地通过对相互保险组织的违法违规行为实施行政处罚或者通过对组织的负面评价等方面督促相互保险组织自行改正错误。[1]针对会员投诉的保险监管部门介入式救济虽然就个体纠纷解决功能而言效果欠佳，但会员针对权利行使或组织管理漏洞等问题的投诉经由保险监管部门信息汇总后，针对较为集中的意见可以要求相互保险组织予以说明并整改，所以总体上通过保险监管部门的行政救济功能可以促进相互保险组织整体制度优化，间接实现对会员个体权利的救济目的。

另外，2023 年由国家金融监管总局发布的《保险销售行为管理办法》进一步对各类保险机构（包含相互保险组织）的保险销售行为进行严格约束和统一监管，防止其对保险消费者权益的侵害。

近年来，保险监管部门还通过与最高人民法院合作，在国内部分省市试点开展保险纠纷诉讼与调解对接机制试点工作，通过司法机关与行政部门的协作建立多元化的保险纠纷解决途径，对于维护保险消费者合法权益起到了积极效果，司法调解与保险行业调解的互动也增强了行政部门调解的公信力，同时在一定程度上减轻了法院的诉讼负担，对社会稳定也起到了积极性作用。[2]

---

〔1〕 参见陶建国：《国外保险纠纷诉讼外解决制度分析》，载《保险研究》2010 年第 2 期。

〔2〕 参见罗书臻：《推动完善多元化纠纷解决机制，依法保障保险业持续健康发展》，载《人民法院报》2015 年 9 月 30 日，第 1 版。

2.保险行业协会的调解救济

当前我国保险行业协会的设立带有更多的政治性色彩，协会可以在分担部分政府针对保险市场的管理职能的同时实现行业自律，体现其对政府管理市场的重要辅助作用。[1]保险行业协会作为行业性自律性组织，是通过保险机构自愿组成的，具体包括中国保险行业协会、各地方保险行业协会以及保险行业联合会，保险公司、保险中介机构、保险社团组织以及保险兼业代理机构均可成为相应保险行业协会会员。保险行业协会设立的主要目的是维护作为其会员的保险公司及其他保险机构的合法权益，协会作为保险行业内中立的第三方机构，可以在发生争议和纠纷时代表会员与相对方进行协商。除此之外，保险行业协会还负责协调其会员与保险消费者之间的矛盾和冲突，及时处理保险消费者针对保险公司的保险投诉。因此，相互保险组织会员可以针对其与组织间的权利争议选择向保险行业协会投诉，协会本身所具有的专业性和中立性使之能够更加公正、快捷地针对相应纠纷提供解决方案。保险行业协会的调解机制相比诉讼机制更能够体现程序上的效率性要求，同时可以发挥行业协同作用，促进保险行业内的规则完善性和统一性。[2]例如，日本寿险协会（日本保险行业协会

〔1〕 参见金鼎:《美国保险行业协会发展现状及启示》，载《中国保险》2007 年第 12 期。

〔2〕 参见沈吴好:《我国保险纠纷行业协会调解机制完善研究》，华东政法大学 2018 年硕士学位论文，第 121 页。

不是统一的协会，而是按照寿险、非寿险、中介等业务种类组成各自的行业协会）长期提供咨询并且接受寿险投保人的投诉，协会内设寿险咨询中心，可以针对来自投保人、相关团体或一般消费者的投诉作出中立和公平的处理意见，协会还设有由律师、消费者生活顾问和寿险咨询办公室负责人组成的机构内仲裁委员会，负责处理有争议的投诉案件。〔1〕

成立于2001年的中国保险行业协会是针对保险业的全国性自律组织，是由300多家会员自愿结成的非营利性社会团体法人，该协会章程第8条中规定，协会应履行“协调会员与保险消费者、社会公众之间的关系，维护保险活动当事人的合法权益”的行业服务职责。保险行业协会从理论上来说不需要直接对消费者负责，但实践中协会为了维护行业形象并且增强投保人对保险行业的信心，可以在消费者权益保护方面发挥积极性作用。具体方式是通过向消费者宣传保险产品和服务知识，同时建立内部调解机构，借助其掌握的专业知识资源为保险消费者与其会员公司之间的纠纷提供合法、公正、科学的调解服务。〔2〕

相对于诉讼程序启动的繁复性和保险监管部门介入的缺乏针对性，机制完善的保险行业协会更能够结合保险公司和权利要

〔1〕 参见李鸿敏、庹国柱：《日本保险行业协会的发展模式及其启示》，载《保险研究》2009年第10期。

〔2〕 参见王丽丹：《境外保险行业协会发展概况及经验借鉴》，载《上海保险》2014年第6期。

求者双方的利益需求提出中立的可行性方案，虽然行业协会最根本的服务对象是各级保险机构，但消费者与保险人之间的矛盾激化显然不利于保险行业的可持续发展。因此，针对相互保险组织中围绕会员权实现的各种争议和冲突，保险行业协会能够从第三人的角度为相互保险组织会员提供专业性建议，并且从消费者权益保护的角度为其提供权利救济方法。另外，由于相互保险组织与股份制保险公司的差异性，在相互保险制度发展至成熟阶段时设置专门的相互保险行业协会，更能够针对相互制保险特殊的经营模式和偿付能力体系设置专门化的监督管理手段。专业性的相互保险行业协会对相互保险组织的督促和保护功能较之政府监管和现有的保险行业协会介入更具有针对性，结合当前实践要求，政府监管部门可以考虑允许并支持全国及地方性的相互保险行业协会的设立，在条件成熟时授予相互保险行业协会部分监督检查权及行政处罚权，以便督促相互保险组织依法经营并保障组织内会员权的顺利实现。[1]

3.仲裁程序的启动救济

仲裁是在双方当事人发生纠纷时通过事前或事后的协议约定，将争议交由仲裁机构进行调处解决，并承诺接受和认可该裁决结果的一种争端解决机制。在保险权利纠纷中适用仲裁机制是采取缓和的方式对双方当事人之间的矛盾进行解决的有效途径，

---

〔1〕 参见苏亚丽：《论相互保险公司的法律规制》，苏州大学 2017 年硕士学位论文，第 111 页。

通过双方之间的和平协商和互相退让，在公认的第三方仲裁员的调解下达成纠纷解决合意，可以防止矛盾的激烈化。与诉讼程序相比，仲裁程序的一裁终局制度可以在摆脱烦冗的诉讼程序的同时防止当事人的恶意诉讼及其他恶性行为。〔1〕

作为介于和解与诉讼中间的裁决方式，仲裁兼具和解与诉讼的制度优势，在体现双方礼让的同时具有中立性和权威性，这一特点对于保险纠纷的解决尤为重要。〔2〕而且仲裁机制的专业性、灵活性和快捷性能够更为全面地衡量争议双方的权利需求，并结合具体情况设计出更具有公信力的解决方案。与诉讼等救济程序的单方、事后及被动的启动机制不同，仲裁程序是双方自愿的选择，我国《仲裁法》第 4 条规定："当事人采用仲裁方式解决纠纷，应当双方自愿，达成仲裁协议。没有仲裁协议，一方申请仲裁的，仲裁委员会不予受理。"针对相互保险组织与会员之间的争议，事前或事后订立仲裁协议或保险合同中仲裁条款的规定是仲裁程序启动的必要性前提。例如，信美人寿相互保险社即在该社推出的"信美相互 i 健康爱护保团体护理保险"中针对投保人与保险人之间的争议处理方式提议可以通过仲裁方式解决。〔3〕鼓励相互保险

〔1〕 参见张萌：《保险纠纷解决之多元化机制研究》，哈尔滨工业大学 2016 年硕士学位论文，第 71 页。

〔2〕 参见窦玉前：《保险纠纷解决的法律思考》，载《东北农业大学学报（社会科学版）》2005 年第 3 期。

〔3〕 "信美相互 i 健康爱护保团体护理保险"条款第 7.12 条规定："本合同履行过程中，双方发生争议不能协商解决的，可以达成仲裁协议通过仲裁解决，也可依法直接向法院提起诉讼。"

组织及其会员在自愿的基础上，约定通过仲裁方式解决有关纠纷和争议，可以拓宽会员依法维权的途径，节省解决争议的成本；同时，在条件许可时也可以进一步加强仲裁机构与保险行业协会在处理保险合同争议方面的协作，努力实现仲裁机制与保险行业协会调解处理机制的对接，提升调解处理机制的法律效力，维护保险合同双方当事人特别是相互保险组织会员的合法权益。

结 语

相互制保险的发展是我国“普惠金融”体系在保险行业的重要切入点，是建设我国多层次保险市场体系、推进保险业供给侧结构性改革的重要举措，无论是政府还是公众都对相互保险的发展寄予了厚望。域外相互保险制度从发展到繁盛到萧条再到相对稳定是一个曲折漫长的历程，我国相互保险制度的发展如果能够有效利用互联网这一平台，或许可以轻松解决会员招募和资金筹集的难题，继而跨越困扰和阻碍甚至造成国外相互保险公司转制或破产的障碍。但无论我国的相互保险组织如何定位，会员都是组织发展的基础和灵魂，如何能在股份制保险公司一家独大的情况下吸引更多会员入社并保持其对组织的黏性，是所有相互保险经营者需要慎重考虑的问题。

有学者主张，相互保险组制度已经是世界范围内濒临淘汰的“落后”的保险制度。确实，从整体上看，相互保险组织似乎已经错过了其发展的高峰期。从 1752 年本杰明 · 富兰克林创办第一家相互制财险公司开始，相互保险在西方国家已走过了近 300 年的历程，以美国为例，美国的相互保险经历了两次大规模发展的阶段，第一次是在 1835 年英国伦敦大火之后，为了防止外来资本入侵，促进本土保险业发展，大批的相互制保险公司设立；另一次大规模发展是在“阿姆斯特朗调查报告”发布之后，该报告调查揭露了人寿保险业的黑幕和股份制保险公司的经营丑闻，提出互助式的保险形式有利于保险业的健康发展的观点。而后的美国保险业经历了一场股份制保险公司纷纷“相互化”的剧变，到 20 世纪中叶，美国的相互保险机构的规模达到行业巅峰。但随即由于相互保险组织无法适应高速发展的资本主义市场经济，到 20 世纪 90 年代以后，在激烈的市场竞争面前，相互制保险公司的“非相互化”又成了行业内的一大主流趋势。导致相互保险公司非相互化的主要原因包括资金来源渠道单一难以满足扩张需求、股份制保险公司的垄断化经营、宏观层面不利于相互保险制度发展的外部环境等复杂因素。[1]

秉持最原始的“互助协作”精神的相互保险在国外的发展已几经起落，直到 2008 年国际金融危机后各国的相互制保险发展才基本趋向稳定。我国由于政策原因一直未允许国内的相互保险机构发展，但仅依靠股份制保险已经远远不能满足公众对多元化保险市场的需求，国内网络互助平台短时间内的风靡即是公众对低成本、低收费保险产品需求的强烈表现。2011 年国内第一家网络互助平台出现，随后经历井喷式发展，全盛时期国内共有近 120 家网络互助平台，直到 2015 年原中国保监会开始介入，针对网络互助的种种乱象，原中国保监会开始约谈互联网平台负责人，并

〔1〕 参见刘素春:《中国农业保险组织形式研究》，武汉大学 2010 年博士学位论文，第 122 页。

发布网络互助消费者提示，将网络互助与保险划清界限。缺乏精算基础和公信力社会基础的网络互助只能被认为是“互联网经济”的一种表现形式，很容易与“网络众筹”甚至是“非法集资”混为一谈。但网络互助平台的兴起也给予我们警示，有相当一部分公众无法接受动辄需缴纳成千上万元保费的商业化运营的股份制保险，仅以为其成员提供保险服务为目的的相互保险机构在我国有相当大的发展潜力，这也极可能是2015年原中国保监会决定发布《相互保险组织监管试行办法》的外在促动原因。当然，当前我国的相互制保险与国外的相互制保险采取的发展轨迹并不相类似，互联网的高度普及在为相互保险组织发展提供便利的同时也有其弊端，最大的弊端就是会员在保险产品的选择上有很大的自主性，为了争抢客源，相互保险组织之间及相互保险组织与股份制保险公司之间势必形成竞争之势，在市场选择的驱动下，相互保险组织还能否保持其设立初衷，或者换句话说，保持设立初衷的相互保险组织还能否在保险市场竞争中站稳脚跟，是作为我国相互保险组织发起者的主要发起会员需要面对的难题。

美国学者加里·P. 克里德早在1972年就呼吁，应当针对相互保险公司由现任管理层而不是由为其运营提供资本基础的成员所有的这种与美国经济体系背离的不正常现状进行改革，由美国保险专员委员会（National Association of Insurance Commissioners，NAIC）尽快制定适用于相互保险公司的国家控制法案。为保障相互保险公司成员正当权利的行使，加里·P. 克里德提出了3项有针对性的建议：第一，要求相互保险公司向其投保人提供年度委托书或类似于向股票公司股东提供的信息声明，并按照相关规定放宽董事选举的提名程序；第二，要求相互保险公司每年在公开听证后，按规定将精算表中除准备金外确定的盈余分割返还给投保人；第三，禁止相互保险公司收购或经营其所服务的直接保险领域以外的业务，并要求相关公司在 3 年内剥离目前拥有的此类无关业务。如学者所言，相互保险组织会员权实现问题在各国均是立法机关和监管机关所要面对和解决的制度与现实难题，会员在相互保险组织中看似“完美”的权利并未给会员带来更多的利益和便利，本书虽已就相互保险组织会员权提出了相应设想和解决建议，但更进一步的研究需要结合相互保险组织在我国的后续发展，毕竟新的组织经营形式在我国从扎根到成长再到成熟需要相当长的时期，我们需要更长的时间去关注和审思具体实践中我国相互保险组织会员的权利需求，以便进一步完善和改进对相互保险组织会员权的保护方式和救济策略。

美国“阿姆斯特朗调查报告”早已给予我们启示，我国目前的保险市场与 19 世纪的美国保险市场有诸多相同之处，一些当时美国保险业曾面临的问题在我国也存在，夸大宣传、管理不善、高额佣金等无不影响了公众对股份制保险公司的认知度和信任度，相互保险在此时应时而出，也与“阿姆斯特朗调查报告”发布后美国大力发展相互保险业的现状不谋而合。我国是在股份制保险公司发展比较成熟之后引入的相互保险组织形式，这种发展过程的优势是可以借鉴股份制公司已经相对完善的经营管理形式，避免相互保险组织的发展出现反复；但与此同时，相互保险组织也容易走入歧途，成为换汤不换药的披着“相互”外衣的股份制保险公司，或者在成立一定时期后转制为股份制保险公司。相互保险的出现给保险市场带来了活力和冲击，如何保持其发展初衷并使之真正成为服务于我国社会公众的保险制度形式尚需要多方面的协作和努力，更需要我们以审慎的态度去对待相互保险发展过程中可能遇到的困难和障碍，克服、解决、最终实现功能超越才是我们的最终目标。